FRANZÖSISCH TRAINING

Gerd Lamsfuß-Buschmann

Interpretationshilfen 2

für die Oberstufe

STARK

Bildnachweis:
Umschlag Gavarni, L'argent; S. 44/45 Père Goriot par Daumier, Eugénie Grandet, Vautrin par Daumier, Rastignac par Gavarni © Ets. J. E. Bulloz

Dieser Band wurde nach der neuen Rechtschreibung abgefasst.

ISBN: 3-89449-376-3

Inhalt

Vorwort

Liebe Schülerin, lieber Schüler,

die hier vorgestellten Klassiker gehören für Franzosen zum festen Bestand ihrer Bildungstradition. Mit dem französischen Roman des 19. Jahrhunderts beginnt der moderne Roman in Europa überhaupt.

Die Literatur unserer Nachbarn ist seit ihrer klassischen Zeit im 17. Jahrhundert besonders um die Psychologie und die Individualität des Menschen bemüht. Außer in Schriften mit philosophischer Thematik hat darum das Verständnis der **Personen** und ihres Charakters –jeweils im fünften Teil – die größte Bedeutung.

Die **Inhaltswiedergabe** versucht zunächst den Stoff auf die kürzest mögliche Art zusammenzufassen. Der dazugegebene **Strukturplan** ermöglicht jedoch die Orientierung im Detail an jeder Stelle des Textes für Unterrichts- und Prüfungsvorbereitung sowie die Auswahl exemplarischer Passagen.

Der Punkt **Aufbau** versucht eine an der Struktur des Werkes orientierte Zusammenschau der inhaltlichen und formalen Elemente. Der erste Teil – **Leben und Werk** – ermöglicht zusammen mit dem jeweils letzten – **Historische Einordnung** – zudem einen Überblick über die Literaturgeschichte der vergangenen 300 Jahre. Die unter dem Titel **Kernaussage des Werks** zusammengefasste Problematik ist bis in unsere Tage nicht nur aktuell, sondern virulent.

Der Verfasser hofft, Ihnen mit diesem Buch einen Weg für die selbstständige Auseinandersetzung mit französischer Literatur geöffnet zu haben.

Gerd Lamsfuß-Buschmann

Dr. Gerd Lamsfuß-Buschmann

Lettres persanes (1721)
Charles-Louis de Montesquieu

1. Leben und Werk

Mit Montesquieu, Rousseau und Voltaire beginnt die Aufklärung in Europa. Sie entwickeln eine praktische Philosophie, die auf eine Kritik der bestehenden Institutionen von Staat und Kirche zielt. Ihre politische Theorie hat aber nicht nur die Französische Revolution vorbereitet, sie ist zur Grundlage der Verfassung der westlichen Demokratien geworden.

Charles-Louis de Montesquieu (1689–1755) ist Humanist in der weitesten und besten Bedeutung des Wortes. Seine Herkunft ermöglicht ihm eine umfassende Bildung in allen menschlichen Dingen, die er bewusst ergriffen hat, um sie zum Wohle der Menschen zu nutzen. Er glaubt an das Gute im Menschen, weil er selbst ein guter Mensch ist. Er fühlt sich als Weltbürger im Sinne der alten Stoiker und beweist Menschenliebe und Achtung auch im persönlichen Umgang und der praktischen Verwaltung seiner Güter mit den ihm anvertrauten Menschen.

Seine Faszination für die rechten Gesetze, die die rechte Verwaltung der menschlichen Dinge garantieren, rührt aus dieser tieferen Wurzel. Nach dieser Berufung war er fast die Hälfte seines Lebens unterwegs und hat dann an seinem Lebenswerk bis zum letzten Atemzug aufopferungsvoll gearbeitet. Am Anfang steht eine gediegene juristische Ausbildung, die ihn noch in jungen Jahren zu den höchsten Stellungen der Karriere führt, doch merkt er bald, dass sein tieferes Interesse der Theorie der Gesetze gilt.

Er beginnt mit dem Studium der Naturgesetze in seiner Heimat Bordeaux. 1721 sind die *Lettres persanes* schon ein erster großer literarischer Erfolg, er fasst aber hier im Grunde seine Erfahrung mit der gesellschaftlichen Struktur der Monarchie und der Hauptstadt Paris zusammen. Es folgen historische Studien des antiken Rechts und 1728 seine Aufnahme in die *Académie Française*. In den nächsten zehn Jahren entwickelt sich seine politische Bildung auf Reisen in ganz Europa durch das Studium der ihm zugänglichen staatlichen Systeme und Begegnungen mit den Großen der Zeit: der Prinz Eugen in Wien und Lord Chesterfield in London.

So kennt er aus eigener Anschauung das Funktionieren der Demokratie in England, der Schweiz und den Niederlanden, die orientalische Despotie der Türkei, die aristokratische Republik in Venedig und Genua und schließlich die absolute Monarchie im eigenen Vaterland. Die republikanische Verfassung des alten Rom hatte er in einem umfangreichen Werk analysiert und dargestellt. Das kritische Zeitpanorama der französischen Zustände, das er als Dreißigjähriger in den *Lettres persanes* entwirft, erscheint von hierher als eine erste Materialsammlung für sein politisches Lebenswerk: *De l'Esprit des lois.*

2. Inhaltswiedergabe

Zwei junge Perser aus gutem Hause, Usbek und Rica, sind zwischen 1711 und 1720 auf Bildungsreise in Europa. Sie berichten ihre Eindrücke in 129 Briefen nach Persien und erhalten ihrerseits 32 Briefe von dort. Aus ihren Schreiben entsteht ein immer umfassenderes Bild des *Ancien Régime* mit allen Momenten des Auswucherns und auch des einsetzenden Verfalls.

Gegenüber der hier breit entfalteten Wirklichkeit kommen die Briefe nach Europa aus der Enge des orientalischen Serails (mit Ausnahme der Briefe 18, 39, 67, 72). Sie berichten zumeist von den Eifersüchteleien der Frauen untereinander und den Alltagsproblemen der Subalternen. Echte Gefühlstöne klingen einige Male durch sowohl bei den Eunuchen wie auch bei den ihrer Überwachung unterstellten Frauen im Ausdruck ihrer Sehnsüchte und Frustrationen.

Einen völligen Bruch mit dieser konventionellen Korrespondenz zeigt jedoch die Gruppe von 15 Briefen, die den Schluss des Werkes bilden. Im Serail bricht eine Frauenrevolte aus, die der ohnmächtige Usbek aus der Ferne nur in Briefen mit strengen Maßregeln zu unterdrücken sucht. Der letzte dieser Briefe ist ein einziger Schrei des Protestes gegen die Versklavung der Frau im islamischen System des Serails. Usbeks Lieblingsfrau Roxane kann ihre Selbstbestimmung als Frau nur negativ im Ehebruch und im Selbstmord verwirklichen. Trotzdem erscheint auch diese verzweifelte Manifestation ihrer Freiheit noch wie eine Erlösung aus jahrelanger Lebenslüge.

Usbek werden die Augen auf schreckliche Weise geöffnet, hatte er doch die größere Freiheit oder Fortschrittlichkeit der westlichen Lebensformen schon ebenso oft bewundert wie bestaunt. Die Entwicklung, die er durchmacht, zeigt sich am deutlichsten, wenn man die Briefe der Schlussgruppe mit den drei Briefen des allerersten Kapitels (Briefe 19, 20, 21) vergleicht, als er noch fest auf dem Grund der heimischen Tradition der Zwangstugend steht.

Strukturplan

Brief-Nr. und Arbeitstitel	Thematik	Verfasser
Teil I		
1. Motive	Wissenschaft	Usbek
2. Eunuchen	Zwangsgemeinschaft	Usbek
3. Serail	Frustration	Zachi
4. Serail	Frustration	Zéphis
5. Motive		Rustan
6. Serail	Eifersucht	Usbek
7. Serail	Frustration	Fatmé
8. Motive	Despotismus	Usbek
9. Eunuchen	Machtwille	**1. Eunuch an Ibbi**
10. Philosophie	Das Glück	Mirza
11. **Troglodyten**	Gesetzlosigkeit	Usbek
12. **Troglodyten**	Tugend	Usbek
13. **Troglodyten**	Tugend	Usbek
14. Troglodyten	Tugend	Usbek
15. Eunuchen	Ersatzvaterschaft	**1. Eunuch an Jaron**
16. Orientalischer Barock		Usbek
17. Religiöse Konvention	Formale Religiosität	Usbek
18. Mythos	Göttliche Weisheit	Mehmet-Ali
19. Türkische Despotie	Politische Dekadenz	Usbek
20. Zwangstugend	Menschliche Schwäche	Usbek
21. Sklavenhaltung	Kontrolle durch Strafe	Usbek
22. Eunuchen		**Jaron**
Teil II		
23. Livorno	Freizügigkeit der Frauen	Usbek
24. König, Papst	Jansenistinnen	Rica
25. Rica	Charakteristik	Usbek
26. Tugend	Repression der Frau	Usbek
27. Kontrolle	Repression der Frau	Usbek
28. **Theater**	Gesellschaft als Schein	Rica
29. Inquisition	Struktur der Kirche	Rica
30. Neugier der Pariser		Rica
31. Venedig	Verkehrte Welt	Rhédi
32. Blinde	Verkehrte Welt	Rica
33. Wein	Stoizismus-Physiologie	Usbek
34. Geselligkeit	Freiheit	Usbek
35. Religionen	Gleichheit	Usbek

36. Kaffee	*Querelle des Anciens ...*	Usbek
37. Ludwig XIV. System des Serail	Höflingswirtschaft	Usbek
38. Emanzipation der Frau		Rica
39. Mohammeds Geburt	Prodigia	Ibbi
40. Trauerzeremoniell		Usbek
41. Kastration		1. Eunuch
42. Kastration		**Pharan**
43. Verunsicherung durch Aufklärung		Usbek
Teil III		
44. Standesdünkel	Kaziquenstolz	Usbek
45. Alchimist	Obsession	Rica
46. Fleischverbot	Konvention	Usbek
47. Serail auf Reisen	Konvention	Zachi
48. Kabinett der Eitelkeiten	Scheinwelt	Usbek
49. Professionelle Verblendung	Kapuziner	Rica
50. Eigenlob	Geltungsstreben	Rica
51. Ethnisches Vorurteil	Moskau	Nargum
52. **Selbsttäuschung**	Alter der Frau	Rica
53. Eunuchenehe	Sexuelle Emanzipation	Zélis
54. *Bel esprit*	Salonliteratur	Rica
55. Eifersucht der Franzosen	Ehemoral	Rica
56. Spielleidenschaft		Usbek
57. Kasuist	Jesuitische Moral	Usbek
58. Erfindungsreichtum der Pariser	Zivilisationsniveau	Rica
59. Wunschdenken	Ideologie	Usbek
60. Religiöser Fanatismus		Usbek
61. Religiöser Opportunismus		Usbek
62. Tugend und Habitus		Zélis
63. Sprache als Tarnung	Flirt, *Badinage*	Rica
Teil IV		
64. Serailrevolte		**Eunuchenchef**
65. Toleranz durch Aufklärung		Usbek
66. Plagiatoren		Rica
67. **Aphéridon und Astarté**	Das ideale Paar	Ibben
68. Richter	Korruption	Rica
69. Theodizee	Gottesbegriff	Usbek
70. Ehekonvention	Jungfräulichkeit	Zélis
71. Ehekonvention	Jungfräulichkeit	Usbek
72. Besserwisser		Rica
73. *Académie Française*	Redeformalismus	Rica
74. Gesellschaftliche Anmaßung	Standesdünkel	Usbek
75. Religiöser Laxismus		Usbek
76. Selbstmord	Jurist. Konsequenzen	Usbek

77. Selbstmord	Juristische Konsequenzen	Ibben
78. Spanische Zustände		Rica
79. Tscherkessinnen		**Großer Eunuch**
Teil V		
80. Despotie	Angemessenheit der Strafen	Usbek
81. Tartaren	Eroberervölker	Nargum
82. Zuhörercharge	Psychologie des Salons	Rica
83. **Gerechtigkeit**	Wurzeln der Moral	Usbek
84. *Les Invalides*	Staatliche Sozialfürsorge	Rica
85. **Toleranz**	politische Konsequenzen	Usbek
86. Rechtsprechung		Rica
87. Besuchercharge	Parasitismus	Rica
88. Fürstengunst		Usbek
89. Ehre	Nationale Ehre	Usbek
90. Ehre	Duellproblematik	Usbek
91. Persischer Botschafter	Hochstapelei	Usbek
92. Tod Ludwigs XIV.	Regent und Parlament	Usbek
93. Asketismus	soziale Konsequenzen	Usbek
94. Macchiavellismus	Korruption des Rechts	Usbek
95. **Völkerrecht**		Usbek
96. Serailpolitik		**1. Eunuch**
Teil VI		
97. Mechanik	Kosmologie (97.–111.: Der Staat Ludwigs XIV)	Usbek
98. Emporkömmlinge	Finanzwesen	Usbek
99. Mode	Inkonstanz der Sitten	Rica
100. Römisches Recht		Rica
101. Jesuiten		Usbek
102. **Monarchie**	Absolute und vermittelte Gewalt	Usbek
103. Monarchie		Usbek
104. Monarchie		Usbek
105. Künste und Wissenschaften	Nachteile	Rhédi
106. Künste und Wissenschaften	Vorteile	Usbek
107. Ludwig XV.	Mätresseneinfluss	Rica
108. Kritiker		Usbek
109. Universität		Rica
110. Gesellschaften		Rica
111. Fronde		Usbek

112. **Bevölkerungsproblem**	Krankheiten		Rhédi
113. Schöpfung	Katastrophen		Usbek
114. Vielweiberei			Usbek
115. Sklaven in der Antike			Usbek
116. Scheidungsverbot		Bevölke-rungs-politik	Usbek
117. Zölibat			Usbek
118. Sklavenhandel			Usbek
119. Ahnenkult			Usbek
120. Nomaden			Usbek
121. Kolonien			Usbek
122. Staatsform			Usbek
123. Prinz-Eugen		Niedergang der Despotie	Usbek
124. Höflinge			Usbek
125. Paradiesvorstellungen	Theodizee		Rica
126. Cellamare	Politische Intrige		Rica
127. Karl XII.	Schwedische Eroberung		Rica
128. Geometer			Rica
129. Vaterrecht			Usbek
130. Journalisten	Missbräuche der Presse		Rica
131. Geschichte der Republiken			Rhedi
132. *Law*-Refom	Finanz-experimente	Charakteristik des ANCIEN REGIME	Rica
133. **Bibliotheken**			Rica
134. Bibliotheken:	Theologie		Rica
135. Bibliotheken:	Wissenschaften		Rica
136. Bibliotheken:	Geschichte		Rica
137. Bibliotheken:	Dichtung		Rica
138. *Law*-Refom	Finanzkrach		Rica
139. Ulrike-Eleonore	Machtverzicht		Rica
140. Parlament			Rica an Usbeck
141. Zuleima-Anaïs	Sexuelle Emanzipation		Rica an Usbeck
142. **Law-Refom**	(Parodie)		Rica an Usbeck
143. Amulette	Medizinersatire		Rica an Usbeck
144. Rechthaber	Salon-Typologie		Rica an Usbeck
145. *L'Homme d'ésprit*	Salon-Typologie		Usbeck
146. Korruption der Regierung			Usbeck an Rhedi

Teil VII 147. Frauenrevolte 148. Sanktionsvollmacht 149. Tod des Großen Eunuchen		 **Großer Eunuch** Usbek Narsit
150. Subalternenproblem 151. Subalternenkonkurrenz 152. Abwiegelung 153. Ohnmacht des Exils 154. Ohnmacht des Exils 155. Ohnmacht des Exils 156. Geheuchelte Unschuld 157. Familiäres Zerwürfnis 158. Familiäres Zerwüfnis 159. Aufdeckung 160. Aufdeckung 161. **Emanzipation der Frau**		Usbek Solim Narsit Usbek Usbek Usbek Roxane Zachi Zélis Solim Solim **Roxane**

3. Aufbau

Hinweise auf die Struktur seines Werks gibt uns Montesquieu in der Ausgabe von 1754 als *Quelques réflexions sur les Lettres persanes.* Er hat die Briefform gewählt, weil sie ihm, anders als der Roman, philosophische, politische und moralische Exkurse erlaubt. Von den Briefen sagt er, sie seien untereinander verbunden durch „eine geheime und gewissermaßen noch nicht entdeckte Kette“. Diese geheime Verbindung kann nicht die Romanhandlung der Ehegeschichte Usbeks sein, es ist vielmehr eine Ordnung, die eher mathematisch und mechanisch anmutet.

Die 161 Briefe sind zunächst gebündelt in sieben Teile, die fünf thematische Schwerpunkte erkennen lassen:

Teil I:	Die Tradition des Orients	(Brief 1–22)
Teil II:	Die Pariser Gesellschaft	(Brief 23–43)
Teil III:	Die Pariser Gesellschaft	(Brief 44–63)
Teil IV:	Die Religion	(Brief 64–79)
Teil V:	Der Staat	(Brief 80–96)
Teil VI:	Der Staat	(Brief 97–146)
Teil VII:	Die Emanzipation (orientalisch)	(Brief 147–161)

Als Struktursignal für diese Einteilung hat Montesquieu an die Grenzen jeweils einen Bericht des leitenden Eunuchen an Usbek gesetzt: Teil I, Brief 9, 15; Teil II, Briefe 22, 41; Teil III, Briefe 41, 64; Teil IV, Briefe 64, 79; Teil V, Briefe 79, 96; Teil VI, Briefe 96, 147; Teil VII, Briefe 147, 161. Die Eunuchenbriefe innerhalb der Teile erlauben zudem eine noch feinere Einteilung des Materials in Päckchen, die jeweils ein Mehrfaches von fünf darstellen. Mit Randüberlappungen ergibt das:

Teil I	(Brief 1–22):	$4 \times 5 = 20$ (22)
Teil II	(Brief 23–43):	$4 \times 5 = 20$ (21)
Teil III	(Brief 44–63):	$4 \times 5 = 20$
Teil IV	(Brief 64–79):	$3 \times 5 = 15$ (16)
Teil V	(Brief 80–96):	$3 \times 5 = 15$ (17)
Teil VI	(Brief 97–146):	$10 \times 5 = 50$
Teil VII	(Brief 147–161):	$3 \times 5 = 15$

Diese Fünferstruktur meint Montesquieu offensichtlich mit der verborgenen Kette seiner Briefsequenzen. Was also anmutet wie eine lockere Sammlung von Reiseimpressionen, Feuilletons und Essays hat dahinter eine strenge Architektur.

Der Autor hat zudem die inhaltliche Beziehung zwischen den Briefen aus dem Serail und den in Fünfergruppen gebündelten Briefen aus Paris deutlich gemacht. Rahmenerzählung und Innenteil sind einander entgegengesetzt wie der traditionsgebundene enge Lebensumkreis des Orients und die weltoffene Großstadtgesellschaft. Der Berührungspunkt der beiden Sphären ist offensichtlich der Schlussbrief der Roxane, die, wenn auch in einem Verzweiflungsakt, für sich selbst die Freiheit von der orientalischen Tradition verwirklicht.

Das mathematische Grundraster wird noch durch ein anderes Stilmittel überspielt. In jedem Teil findet sich jeweils ein Text, der die Problematik des Ganzen noch einmal aufnimmt und, in den ersten vier Abschnitten jedenfalls, symbolisch zusammenfasst. Die Fabel von den bösen und guten Troglodyten (Briefe 11–14) führt eindringlich die Vorzüglichkeit des ungeschriebenen Sittengesetzes der Tradition vor Augen, freilich in einer idealen Gesellschaft von idealen Menschen, die keine Regierung brauchen. Der zweite Teil versinnbildlicht die Gesellschaft als ein Phänomen des äußeren Scheins in einer Theateraufführung (Brief 28), wo durch einen Spiegeleffekt Bühne und Zuschauerraum nicht mehr unterschieden werden können.

Teil III zeigt in einer Satire der Eitelkeit (Brief 52) die innere Triebfeder aller gesellschaftlichen Bewegung als *amour propre* und den mit ihr verbundenen Selbsttäuschungsmechanismen. Teil IV stellt in der Legende von Aphéridon und Astarte das Bild des idealen Menschenpaares mit der idealen Religion vor Augen (Brief 67). Im Zentrum der staatsrechtlichen Überlegungen des fünften Teils steht zwischen der Gerechtigkeit (Brief 83) und dem Völkerrecht (Brief 95) die zentrale Idee der Freiheit als Toleranz (Brief 85). Nach dieser Theorie des Staates ufert der sechste Teil förmlich aus von den Fakten, die vom realen System der fanzösischen Monarchie hier noch einmal wie in einer Sammelrubrik zusammengetragen werden. Aber auch hier bändigt das Raster des Fünfersystems die Fülle des Stoffes.

Im Zentrum des ersten Drittels (Briefe 97–111) stehen drei Briefe über das absolute Königtum Ludwigs XIV. (Briefe 102–104). Darauf folgt ein langer Exkurs über das Bevölkerungsproblem, das für diese Epoche noch in der Vermehrung der Untertanen bestand und nicht etwa in Techniken der Geburtenkontrolle (Briefe 112–124). Das letzte Drittel fasst dann noch einmal Reichtum (Brief 133: "Bibliotheken") und Auswüchse (Brief 142: "*Law*-Reform") des *Ancien Régime* kaleidoskopartig zusammen (Briefe 125–146). Symbolischer Höhepunkt des siebten Teils ist ohne Zweifel der bewegende Abschiedsbrief der Roxane (Brief 161).

Mit diesen symbolischen Schwerpunkten innerhalb eines jeden Teils hat sich Montesquieu bereits einer Technik bedient, die seit André Gide im modernen Roman als Darstellungsweise *en abyme* (im Hintergrund, Versteck) bezeichnet wird. Gide bemerkte dieses Verfahren in Werken niederländischer Maler, die das Hauptmotiv noch einmal an unauffälliger Stelle wiederholen.

4. Kernaussage des Werks

Schon die Zusammenfassung zeigt, dass der eigentliche Gegenstand des Autors die Aufklärung ist, als Befreiung von den Vorurteilen der Tradition. Dabei überwiegt weitaus die Kritik am überkommenen System der absoluten Herrschaft. Mindestens 17 Briefe haben politische Themen (8, 19, 37, 80, 83, 88, 92, 94, 95, 102, 103, 104, 123, 124, 131, 140, 146). Religiöse Problematik herrscht vor in 14 Briefen (17, 24, 35, 60, 65, 69, 75, 76, 85, 93, 101, 117, 134). In zehn Briefen wird die Emanzipation der Frau und der Sexualität diskutiert (20, 26, 38, 53, 70, 114, 116, 139, 141, 161). Fünf Briefe behandeln rassische oder ethnische Voreingenommenheiten (46, 51, 78, 119, 129), fünf weitere gesellschaftliche Konventionen (54, 74, 98, 99, 143). Soziale Diskriminierung wird in vier Briefen erörtert (44, 49, 115, 118).

5. Die Personen

Die beiden exotischen Besucher sind nur scheinbar Hauptpersonen. Dem genaueren Blick zeigen sie sich eher als Europäer, nach Unternehmungsgeist und Wissbegier sind sie jedenfalls von westlicher Mentalität. Man weiß ja, dass der Orient schon hundert Jahre vor Usbek und Rica von zwei Franzosen, Tavernier und Chardin bereist und erkundet wurde. Durch die jungen Reisenden spricht also Montesquieu selbst. Die Tarnung als Perser ermöglicht aus der naiven Perspektive des Touristen Kritik an französischen Verhältnissen und Institutionen mit dem Anschein der Objektivität.
Rica ist nach der Charakteristik von Usbek selbst (Brief 25) von beiden die Frohnatur. Entsprechend enthalten seine Texte lockere Impressionen, satirische oder komische Beschreibungen und Porträts. Usbek zeigt sich als philosophischer

Kopf. Sein Denken kreist um die großen theologischen und politischen Probleme, zumal das der Freiheit. Die Europa-Erfahrung wird ihn in seiner Herkunftstradition verunsichern, die fortschrittliche Gesellschaftsordnung des Westens fasziniert ihn zumeist.

Die wirkliche Hauptperson des Werks ist ein Kollektiv: die aristokratische Gesellschaft von Paris. Vertreteter des Bürgertums oder des einfachen Volkes muss man erst suchen, sie kommen als Kriegsinvalide (Brief 84) oder Pflegeabhängige (Brief 32) in den karitativen Asylen der Monarchie vor. Die Mehrzahl der darüber hinaus dargestellten Menschen sind eher Typen. Das gilt zunächst für die Insassen des Serails, die natürlich nur so gezeigt werden konnten, wie der Autor sie sah, sodann auch für einige orientalische Weisen und Gesprächspartner des Usbek (Briefe 18, 123, 39, 47, 51, 81).

Das Figurenkabinett der vorkommenden Franzosen könnte aus den *Charactères* von La Bruyère stammen. So findet man: den Neugierigen (Brief 30), den Dummstolzen (Brief 44), den Alchimisten (Brief 45), den Fachidioten (Brief 49), den Nationalstolzen (Brief 51), den *Bel esprit* (Brief 54), den Eifersüchtigen (Brief 55), den Spieler (Brief 56), den Kasuisten (Brief 57), den Erfindungsreichen (58), den Plagiator (Brief 60), den Richter (68), den Besserwisser (Brief 72), den Anmaßenden (Brief 74), den Intriganten (Brief 126), den Geometer (Brief 28), den Jansenisten (Brief 130), den Mediziner (Brief 143) und den *Homme d'esprit* (Brief 145).

Lebende Zeitgenossen aus der historischen Aktualität nennen die Perser auch beim Namen: König und Papst (Brief 24), Ludwig XIV. (Brief 37), der persische Botschafter in Paris (Brief 91), Prinz Eugen (Brief 123), der politische Intrigant Cellamare (Brief 126), Karl XII. von Schweden (Brief 127) der große Finanzbankrotteur Law (Briefe 132, 142), Ulrike-Eleonore von Schweden (Brief 139). Als reale Personengruppen figurieren schließlich noch die Jansenisten (Brief 24), die Akademiker (Briefe 36, 73), die Kapuziner (Brief 49), Regent und Parlament (Briefe 92, 140), die Jesuiten (Brief 101), die Universität (Brief 109) und die adelige Fronde (Brief 111).

Diese Leistung für die empirische Psychologie, Realismus und Präzision der Beschreibung, haben Montesquieu seinen Platz unter den französischen Moralisten als Sittenschilderer (von lat. *mores*) gesichert.

6. Historische Einordnung

Dreißig Jahre nach den *Lettres persanes* hat Montesquieu sein politisches Lebenswerk zusammengefasst unter dem Titel *De l'Esprit des lois*. Mit *Esprit* meint er hier die Intention des Gesetzgebers bei der Verwirklichung staatlicher Strukturen.

Das zentrale Problem, das ihn bei allen Studien beschäftigt, ist die Kontrolle der Macht. Die elementare Funktion eines jeden Staates ist die Konzentration der nationalen Kräfte. Macht wäre aber nicht Macht, wenn sie nicht missbraucht werden könnte. Es geht daher alles darum, die Freiheit der Bürger zu schützen. Das Ergebnis dieser Überlegungen ist schließlich der Gedanke der Gewaltenteilung in gesetzgebende, regierende und richterliche Gewalt.

Im religiösen Gesetz des Islam erblickt Montesquieu eine erste Vermittlung zwischen der absoluten Macht und der absoluten Ohnmacht. So bemerkt er, dass der Schah von Persien seinem Untertan jederzeit seine Habe, sein Weib, ja, sein Leben nehmen kann, weil dies ihm ohnehin gehört. Er kann ihm aber nicht befehlen, Schweinefleich zu essen oder Wein zu trinken, weil sich dann auch der Geringste auf das Gesetz Allahs zu seinem Schutz berufen darf.

Aus diesem reichen Erfahrungsmaterial hat Rousseau in seinem berühmten Werk über den Contrat social die politische Theorie gewissermaßen extrahiert. Es hat damit eine staatspolitische Diskussion eingesetzt, an der die besten Köpfe in ganz Europa teilhaben: Hobbes, Locke und Hume in England sowie Kant und Pufendorf in Preußen sind die berühmtesten.

Discours sur l'Inégalité (1755)

Jean-Jacques Rousseau

1. Leben und Werk

Jean-Jacques Rousseau

Jean-Jacques Rousseau (1712–1778) stammt aus Genf, die französische Monarchie sah er mit dem Selbstbewusstsein des freien Bürgers. Sein äußerer Lebenslauf ist von rastloser Ortsveränderung gekennzeichnet, zumal in der Schweiz, in Frankreich und in Norditalien. In seinen letzten Jahren verbindet sich diese Rastlosigkeit mit einer Art Verfolgungswahn. Im sicheren Gefühl des eigenen Wertes fühlt er sich nicht genügend respektiert und stößt auch Freunde vor den Kopf. Andere enttäuschen ihn, weil sie seine Überempfindlichkeit missverstehen. So ist sein Zerwürfnis mit Hume und Diderot vielleicht nicht zwingend, das mit Voltaire hatte dagegen prinzipielle weltanschauliche Gründe. Am Ende ist nur noch Bernardin de Saint-Pierre um ihn. Rousseaus Charakter ist eine Verbindung von Genie und hochgespannter Emotionalität, seine Herkunft kleinbürgerlich, seine Bildung autodidaktisch. Als Waise und Pensionär in kirchlichen Jugendheimen schlägt er sich schon früh allein durchs Leben, verdient überhaupt bis zu seinem vierzigsten Jahr den Unterhalt mit einem Nebentalent: Musikstunden, Notenkopieren und Gelegenheitskompositionen. Als seine erste Oper uraufgeführt wird, ist sein literarischer Ruf schon manifest.

Seine Schriften haben das Pathos der kreativen Begeisterung, das den Leser mitreißt. Sein Buch *Emile* ist zur Grundlage der modernen Pädagogik geworden und seinen Liebesroman *La Nouvelle Héloïse* kann man als den Beginn der Romantik in Frankreich bezeichnen. Seine Lebenserinnerungen *Les Confessions* sind in der modernen Literatur der erste Versuch einer Autobiografie mit dem Anspruch der Wahrhaftigkeit auch in den persönlichsten Dingen. 1750 verleiht ihm die Akademie von Dijon den ersten Preis für die Schrift über die *Künste und Wissenschaften.* Der *Discours sur l'Inégalité* folgt 1755.

2. Inhaltswiedergabe (2. Teil)

Die natürliche Gesellschaft *(la société sauvage)*

Entwicklungsstufen	Merkmale
1. Der einzeln lebende Mensch	– Das erste Gefühl des frühen Menschen war das seines Daseins, sein einziges Bedürfnis das der Selbsterhaltung durch vorgefundene Nahrung; Liebe hatte noch den bloßen Triebcharakter der Arterhaltung. – Um natürliche Hindernisse zu überwinden, benutzte er vorgefundene natürliche Werkzeuge. – Die Unterschiede des Lebensraumes und der erreichbaren Nahrung führen die ersten Unterschiede in den gefertigten Werkzeugen herauf: Angelhaken und Pfeile. Es entstehen die Lebensformen des Fischers und Jägers (Kriegers). Klimatische Zwänge bewirken die erste Bekleidung durch Felle und die Benutzung des Feuers. – Das erste Selbstgefühl des Menschen war das der Überlegenheit seiner Gattung über die Tiere; die Reflexion auf seine Individualität ist damit erst angelegt.
2. Die Familie	– Seine Identität mit den Artgenossen erfasste der frühe Mensch durch Analogieschluss und richtete danach sein Verhalten. – Die ersten zwischenmenschlichen Beziehungen entstanden aus dem gemeinsamen Interesse der Bedüfnisbefriedigung etwa bei der Jagd als vorübergehende Zweckverbände. Mit der Kollaboration ergibt sich aber auch schon Konkurrenz. Keinesfalls bestand vorrangige oder dauerhafte Verpflichtung auf den gemeinsamen Nutzen. – Die Sprache dieser Jagdverbände war eher ein grobes Signalsystem als ein Kommunikationsmittel. – Die Erfindung von Hacken und Beilen ermöglicht anstelle vorgefundener natürlicher Wohnungen den Bau von Häusern. Damit wird die Bildung von Familien möglich und eine erste Form des Eigentums. • Die ersten menschlichen Gefühle werden so Gattenliebe und Elternliebe, ermöglicht durch die dauerhafte menschliche Gemeinschaft auf der Grundlage von Zusammenhalt und Freiheit. Mit der Kinderaufzucht ergibt sich die erste Arbeitsteilung der Geschlechter. • Die Befreiung durch Werkzeuge bringt gleichzeitig die erste Abhängigkeit von Bequemlichkeiten mit sich. • In Familien müssen auch die ersten entwickelten Sprachen entstanden sein. Übergreifende Spracheinheiten haben wiederum den dauerhaften Zusammenhang nächstgrößerer sozialer Gruppen zur Voraussetzung.

3. Die Stammesgemeinschaft	– Unter der Voraussetzung der Sesshaftigkeit bewirkt die gleichartige Form der Bedürfnisbefriedigung den Zusammenschluss der Familien zu Stämmen. Erst im sozialen Kontakt kommt es in der Beziehung der Geschlechter zur Partnerwahl aus individueller Präferenz bis hin zur Ausschließlichkeit der Leidenschaft. – Nur im gesellschaftlichen Zusammenhang kann sich auch Geltungsstreben und Sozialprestige entwickeln. Damit ist der erste Schritt zur gesellschaftlichen Ungleichheit getan, Dünkel und Ressentiment begleiten sie. – Das Selbstwertgefühl macht aus der bloßen Schädigung durch einen anderen auch eine Beleidigung. Rache ist daher die negative Bestätigung einer ersten Form der Moralität zwischen den Menschen. – Solange die Angst vor Rache die Kontrolle durch Gesetze überflüssig macht, nimmt die menschliche Gesellschaft noch den für sie denkbar günstigsten Zwischenzustand in ihrer Entwicklung ein. Der Preis der Individualität ist die Entartung der Gattung (durch Ungleichheit).
4. Die Tauschgesellschaft	– Eisenproduktion macht Arbeitsteilung notwendig; dadurch werden zum ersten Mal Menschen abhängig von anderen Menschen. – Ackerbau dagegen führt zur Vorratswirtschaft und zum Tauschhandel. – Durch den Ackerbau entsteht der Begriff des Eigentums am Boden; Eigentum ist wiederum Voraussetzung für zuteilende Gerechtigkeit. – Mit der Veräußerlichung der Arbeit in Ware kann die natürliche Ungleichheit zur ökonomischen werden.

Die politische Gesellschaft *(la société civile)*

Entwicklungsstufen	**Merkmale**
1. Vom Privateigentum zur Einführung der Gesetze	– Die arbeitsteilige Gesellschaft bringt in der Spezialisierung aller Talente die natürliche Ungleichheit zur vollen Entfaltung. Die Lüge entsteht dadurch, dass Sozialprestige errungen oder doch vorgetäuscht werden muss. – Der spezialisierte Mensch gerät in eine extreme Abhängigkeit von der Natur und von seinen Mitmenschen, sei es als Herr oder als Knecht. – Das Verhältnis der Menschen in der Gesellschaft ist entweder das des Interessenkonfliktes bei Ungleichheit derKräfte oder der Konkurrenz bei Gleichheit, auf jeden Fall das der Lüge, mit der Besitz errungen oder getarnt werden muss.

<table>
<tr><td></td><td>– Nach Verteilung allen Grundbesitzes kommt der Augenblick, wo weitere Bereicherung nur auf Kosten anderer möglich ist. Es entsteht innerhalb der Gesellschaft ein neues Recht des Stärkeren, und zwar sowohl von Seiten der Zuerstbesitzenden wie auf Seiten der Zukurzgekommenen. Das Konkurrenzverhältnis wird zum offenen Kampf, die Lüge zur Bösartigkeit.
– In diesem neuen Naturzustand haben die Besitzenden alles zu verlieren. Die Einrichtung von Gesetz und Regierung erlaubt es ihnen jedoch, den Einzelnen zu entwaffnen und die bestehenden Besitzverhältnisse für immer festzuschreiben.
– Die Gründung der ersten Gesellschaft zieht die Teilung der ganzen Menschheit in Einzelgesellschaften zum Zwecke des Schutzes voreinander nach sich. Da der Einzelne der Gewalt nicht mehr wie im Naturzustand ausweichen kann, wird die politische Unfreiheit für ihn auf der ganzen Welt unausweichlich.
• Die Staaten untereinander verbleiben dagegen auf dem Naturstand des Faustrechts. Es entstehen die nationalen Kriege und die Ideologie der Ehre.
• Die Begründung des Staates auf dem Recht des Eroberers ist auch wieder nur eine Begründung auf dem Recht des Stärkeren.
• Die Begründung des Staates auf dem Schutzbedürfnis der Schwachen übersieht, dass vor der Entwaffnung des Bürgers die Schwachen eigentlich die Starken sind und keine Veranlassung zur Staatsgründung hatten.</td></tr>
<tr><td>2. Die Kontrolle der Gesetze durch Regierungsgewalt</td><td>– Um die Einhaltung der allgemeinen Abmachungen gegenüber dem Egoismus der Einzelnen durchzusetzen, musste Macht an Kontrollbeamte delegiert werden. Gesetze werden also nicht von Herrschern gemacht, sondern sind früher da als diese.
• Auch die Unterordnung unter einen Anführer hat zu ihrem Zweck den Schutz der Freiheit und kann nicht als deren bedingungslose Aufgabe verstanden werden.
• So endet die Gehorsamspflicht der Kinder gegenüber dem Vater mit der Großjährigkeit. Dem Vater ist die Autorität um der Kinder willen gegeben, die Macht des Despoten hat nur ihn zum alleinigen Zweck.
• Die absolute Gewalt begründet kein Rechtsverhältnis zwischen Herrscher und Beherrschtem. Der rechte König steht unter dem Gesetz und bewirkt das allgemeine Wohl, dessen wichtigster Teil die Freiheit sein muss.</td></tr>
</table>

	• Die Freiheit ist wie das Leben keine juristische Sache und kann darum nur unter Zerstörung des ganzen Menschen veräußert werden. Ein Vater mag über das Erbteil seiner Kinder verfügen, die Freiheit haben sie nicht von ihm, sondern von der Natur. – Die absolute Gewalt des Herrschers ist nur eine neue Form des natürlichen Faustrechts. • Staatsordnung muss aber auf einem Vertragsverhältnis zwischen Volk und Regierungsbeauftragten als gleichberechtigten Partnern gegründet sein. • Das Grundgesetz ist Ausdruck des gemeinsamen Willens und verpflichtet daher alle. Es regelt auch die Wahl der Regierungsbeamten, die die Kontrolle der Gesetze zur Pflicht haben und dafür bestimmte Vorrechte genießen. • Sobald die Regierung gegen das Grundgesetz verstößt, hebt sie mit ihrer Grundlage sich selbst auf und macht den Vertrag ungültig. • Da keine übergeordnete Macht die Einhaltung dieses Vertrages garantieren kann, ist jeder der Partner frei, vom Vertrag zurückzutreten. Sobald das Volk der Regierung nicht mehr gehorcht, hat diese das Recht abzudanken, wie umgekehrt das Volk bei Missbrauch der Regierung von seiner Gehorsamspflicht entbunden ist.
3. Die Korruption der Regierungsgewalt	– Die verschiedenen Regierungsformen unterscheiden sich durch die Anzahl derer, die die Macht verwalten in Monarchie, Aristokratie und Demokratie. Auswahlprinzip bei ihrer Bestallung sind die bereits bestehenden Unterschiede in Macht, Tugend, Reichtum, Ansehen. – Aristokratische und monarchistische Regierungen tendieren dahin, die Macht in einzelnen Familien erblich zu machen. Dadurch wird aus einer Dienstpflicht ein Eigentum und aus der legitimen Macht usurpierte und autoritäre. – Dieselben Kräfte der Ungleichheit, die die Kontrolle durch Regierung notwendig machen, korrumpieren unvermeidlich auch die Regierung selbst. – Die gesellschaftliche Ungleichheit wird durch die Unterschiede in der Machtposition um eine neue Form der Ungleichheit vermehrt: neben die natürliche und ökonomische tritt die politische Ungleichheit. Machtstreben und Geltungsbedürfnis werden zu den allesbeherrschenden Antriebskräften der gesellschaftlichen Entwicklung im Guten wie im Bösen. – Auf dem Schlusspunkt dieser Entwicklung setzt die Regierungsgewalt, die die Freiheit nach außen verteidigen sollte, die Bürgerrechte im Innern außer Kraft. Dazu macht sie aus dem Heer der Soldaten eine besoldete Polizeitruppe im Dienste des Tyrannen.

	– Die Herrscher treiben jetzt die gesellschaftliche Ungleichheit bewusst ins Extrem. Sie benutzen die allgemeine Zwietracht als Mittel ihrer Machtkontrolle hinter der Fassade einer nationalen Einheit. – Ebensowenig wie das Gesetz kann der Tyrann irgendeine Form der Moralität außer sich dulden. Die einzig verbleibende Tugend ist die des blinden Gehorsams ihm gegenüber. – Mit der Tyrannis kommt zum vierten Mal das Gesetz des Stärkeren herauf, diesmal aber nicht in der Unschuld der Natur wie am Anfang, sondern als Endpunkt der Korruption. Ebenso zeigt sich eine neue Gleichheit von Individuen, die alle gleich nichts sind. Entsprechend ist die von Legitimität entleerte Macht beliebig ersetzbar.

Das Ergebnis des gesellschaftlichen Prozesses

Entwicklungsstufen	**Merkmale**
1. Veränderungen des Menschen	– Die geschichtliche Entwicklung der gesellschaftlichen Verhältnisse hat aus dem ursprünglichen Menschen einen künstlichen gemacht, mit Bedürfnissen und Antrieben, die in keiner Weise in der Natur angelegt sind. – Dieser Mensch ist unglücklich, weil durch Arbeit und durch den absurdesten Aktions- und Geltungsdrang versklavt. – Er findet die Bestätigung seiner selbst nicht in sich, sondern in den anderen. Die Scheinwelt der Gesellschaft hat mithin die Ungleichheit und den künstlichen Menschen hervorgebracht.
2. Veränderungen der Herrschaftsverhältnisse	– Es wurde hier die Entstehung und Entwicklung der Ungleichheit, die Einrichtung und der Missbrauch der Staatsformen aus der Natur des Menschen im Lichte der menschlichen Vernunft zu entwickeln versucht. Die theologische Begründung der Macht blieb dabei außer Betracht. – Die Darstellung ergab, dass Ungleichheit im Naturzustand so gut wie nicht vorhanden ist, mit der Entwicklung der menschlichen Fähigkeiten und des menschlichen Geistes stärker wird und sich schließlich mit Einrichtung von Eigentum und Gesetz festsetzt und rechtfertigt. – Die gesellschaftliche Ungleichheit ist mithin ausschließlich durch Konvention gesetzt. Sie widerspricht dem Naturrecht, sofern sie nicht auf eine natürliche Ungleichheit zurückgeht. Widernatürlich ist es also, wenn Machtverhältnisse nicht in der Überlegenheit des Alters, der Intelligenz oder der Mehrheit begründet sind.

3. Aufbau

Rousseau entwickelt eine Theorie für die Entstehung der menschlichen Gesellschaften, in der er drei Stadien unterscheidet, die des *homme naturel*, des *homme moral* und des *homme social*. Im Gegensatz zur aristotelischen Lehre geht er davon aus, dass der Mensch ursprünglich ein Einzelwesen ist, und um die Überlegenheit des Naturzustands über den gesellschaftlichen Stand darzutun, versucht er, schon im vormenschlichen Stadium die physische Überlegenheit des Menschen, gewissermaßen als Tier unter Tieren, zu beweisen. Diese Überlegenheit potenziert sich dann im zweiten, eigentlich menschlichen Stadium durch die geistigen Vorzüge des Menschen.

Im zweiten Teil seiner Schrift behandelt Rousseau den gesellschaftlichen Menschen *l'homme social*. Hier unterscheidet er noch einmal zwei Formen der Gesellschaft, die natürliche – *la société sauvage* – und die politische – *la société civile*. Die Stammesgemeinschaft in der natürlichen Gesellschaft hält Rousseau im Grunde für die glückliche Form des Zusammenlebens, weil diese Gemeinschaft noch ohne jedes geschriebene Gesetz auskommt. Wie viele seiner Zeitgenossen ist er durch die Reiseberichte vom Bild des guten Wilden fasziniert. Das Aufkommen des Privateigentums bezeichnet jedoch das letzte Stadium dieses Naturzustands.

Die Korruption des ursprünglichen Menschen durch die Gesellschaft beginnt für Rousseau mit der Arbeitsteilung, weil durch sie Vorratswirtschaft nötig und Tauschhandel möglich wird. Die natürliche Ungleichheit an Kraft, Intelligenz, Geschicklichkeit kann sich jetzt in Ware materiell objektivieren. Durch solche Verdinglichung der Arbeit entsteht der Begriff des Privateigentums und damit die ökonomische Ungleichheit. Es wird so ein neuer Naturzustand herbeigeführt, in dem das Recht des Stärkeren durch das Recht des Zuerstbesitzenden gegenüber den Zukurzgekommenen ersetzt ist.

Aus diesem zweiten Naturzustand erklärt Rousseau das Entstehen der Regierungsgewalt und der Gesetze – ein geschickter Betrug der Reichen, der den existierenden Besitzstand für dauernd festschreibt und alle Mitglieder der Gesellschaft auch noch zu dessen Schutz verpflichtet. Das Recht des Stärkeren existiert außenpolitisch weiter unter den verschiedenen Staatsgebilden. Durch die Bildung der Regierungsgewalt ist innenpolitisch jetzt aber auch die politische Ungleichheit entstanden. Der natürliche Egoismus lässt die unkontrollierte Macht notwendig zur Despotie entarten. Am Ende aller gesellschaftlichen Entwicklung steht daher in einem vierten Naturzustand das Recht des Stärkeren in seiner fürchterlichsten Form.

4. Kernaussage des Werks

Im Schlussabschnitt seiner *Préface* formuliert Rousseau sein Anliegen: Die Untersuchung der natürlichen Fähigkeiten des Menschen und ihrer Entwicklungsstufen soll aufzeigen, was an der menschlichen Gesellschaft Grundstruktur und was zufällige Entwicklung ist. Unterdrückung, Unwissenheit und Armut werden sich dabei als zufälliges Menschenwerk und nicht als gottgewollt erweisen.

5. Historische Einordnung

Rousseau ist in der europäischen Philosophie der erste Ideologe großen Stils. Er entwickelt eine Entstehungstheorie der menschlichen Gesellschaft, ohne sich noch auf die Ergebnisse der heutigen Soziologie, Ethnologie, Archäologie und Paläontologie stützen zu können. Diesen hypothetischen Charakter betont er selbst in seinem Vorwort. Er entwirft dann das Idealbild einer paradiesischen Gesellschaft vor dem Sündenfall der Arbeitsteilung und projiziert es auf die gegenwärtige Gesellschaft seiner Zeit. Die Absicht ist offensichtlich, mit der Fiktion die Wirklichkeit des *Ancien Régime* zu attackieren. Darin liegt die revolutionäre Virulenz seiner Schrift. Erstaunlich daran ist, dass, durch das Abstraktionsverfahren von der wirklich vorhandenen Gesellschaft auf die angenommene ursprüngliche, Rousseaus Blick Strukturen erfassen konnte, die bis heute in der Theorie von Karl Marx gültig geblieben sind, so die Dialektik von Herr und Knecht, die Entwicklung des Privatbesitzes und die Verdinglichung der Arbeit in Ware.

Candide ou l'Optimisme (1759)
Voltaire

1. Leben und Werk

Voltaire (1694–1778) ist von den großen französischen Philosophen der eigentliche Aufklärer. Als Voltairianer bezeichnet man auch heute noch Menschen, die diese Welt menschlich einrichten wollen im Vertrauen auf die Vernunft, auch ohne den Glauben an einen helfenden Gott oder gerade deswegen. Voltaire glaubt an den Fortschritt; er wittert in Rousseau den ideologischen Bilderstürmer und verteidigt energisch die Errungenschaften des Zeitalters Ludwigs XIV. Selbst in der Prachtentfaltung des Hofes sieht er weniger den gewissenlosen Luxus als die Arbeitsbeschaffung für die Handwerker der Porzellan- und Seidenmanufakturen sowie aller angewandten Künste.
Der Fortschritt muss indessen ständig erkämpft werden, gerade weil der Mensch in einer gottverlassenen Welt auf sich selbst gestellt ist wie sein Candide in der barbarischen Wirklichkeit des Krieges. Voltaire ist mit tausenden von Briefen, Artikeln und Pamphleten der streitbarste aller Aufklärer. Er attackiert die großen Systeme Monarchie und Theologie und ist skeptisch gegenüber dem Systemdenken der Philosophie überhaupt. Er hat in mindestens zwei Musterprozessen die Revision von ungerechten Urteilen erzwungen und die Abschaffung der Folter war 1780 nicht zuletzt sein Verdienst.
Vor allem die Kirche hat in ihm einen sachkundigen und wegen seines Spottes gefürchteten Gegner. Die Offenbarungsreligion widerlegt er, wo er kann, bei aller Achtung vor Christus als vorbildlichem Menschenführer. Die Kirche als Instituion will er vernichten. Er bewahrt aber den deistischen Begriff einer Gottheit als Weltenschöpfer und auch die Religion als Grundlage der Moral aus Gründen der politischen Zweckmäßigkeit.
Schon in der Schule der Jesuiten ist er ein subversiver Geist. Sein späteres Leben ist durch häufiges Ausweichen ins Exil gekennzeichnet; seinen ständigen Wohnsitz nimmt er wohlweislich in der Nähe der schweizerischen Grenze. Zwischen seinem fünfzigsten und sechzigsten Lebensjahr macht er die Erfahrung der Abhängigkeit bei Hofe in Versailles und Potsdam. Dieser Lebensabschnitt spiegelt sich in den philosophischen Erzählungen *Zadig* und *Micromegas* wieder.
Mit sechzig zieht er sich endgültig ins Landleben zurück und veröffentlicht 1756 die erste Kulturgeschichte der Menschheit, *L'Essai sur les mœurs*. 1759 erscheint

seine berühmte Schrift gegen den Optimismus von Leibniz und Rousseau: *Candide*. Er hatte als erster die Idee eines Lexikons in tragbarer Taschenausgabe. Das *Dictionnaire philosophique* von 1764 sollte eigentlich die ganze *Encyclopédie* enthalten. Für seine Zeitgenossen war er vor allem ein gefeierter Theaterdichter. Schon sein erstes Stück *Œdipe* ist 1718 ein Erfolg. Von zwanzig weiteren Dramen sind die berühmtesten *Zaïre* (1932) und *Mérope* (1743). Als 1778 sein letztes Stück *Irène* aufgeführt wird, krönt das begeisterte Publikum seine Marmorbüste auf dem Theater.

2. Inhaltswiedergabe

Szene aus *Candide*

Candide ist der uneheliche Neffe des Barons Thunder-ten-tronckh. Auf dessen Schloss in Westfalen wird er groß und übernimmt gläubig die optimistische Philosophie seines Lehrers Pangloss, nach der wir in der besten der möglichen Welten leben. Dieser Glaube wird erschüttert, als er seinen Lehrer auch in dessen Sexualverhalten imitieren will.
Schon ein Kuss für seine Kusine genügt, um ihn mit Schimpf und Schande aus dem Haus zu treiben. Die nun auf ihn wartende Weltreise zeigt ihm immer neue Widersprüche gegen die Theorie seines alten Lehrers.
Sein Weg führt ihn zunächst nach Holland und Portugal (Kapitel 2–10), sodann nach Südamerika (Kapitel 11–20) und in einem dritten Teil in die Städte Paris, Venedig und Konstantinopel (Kapitel 21–30). Nach den Greueln des Siebenjährigen Krieges, die Candide in Westfalen und Holland erlebt (Kapitel 2–4), ist das Erdbeben von Lissabon die für das ganze Jahrhundert zentrale Erfahrung des Unglücks, das nicht durch den Menschen in die Welt gebracht wird (Kapitel 5).

Candide kommt nach Portugal mit seinem holländischen Arbeitgeber, verliert diesen aber bei Ankunft durch eine Schiffskatastrophe. Er verliert auch seinen eben erst wieder getroffenen Lehrer Pangloss durch den religiösen Fanatismus der Inquisition (Kapitel 6). Er selbst entgeht dem Schlimmsten nur knapp und trifft sogar seine geliebte Kunigunde wieder (Kapitel 7, 8), die er tot geglaubt hatte.

Sie ist nach Ermordung ihrer Eltern und der Zerstörung ihrer Heimat von einem preußischen Hauptmann an den reichen und jähzornigen Juden Issachar verkauft worden. Dieser kann sie in seinem Landhaus aber nicht für sich allein halten, weil auch der Großinquisitor ein Auge auf sie geworfen hat. So teilen sich die Konfessionen ihre Gunst jeweils nach Wochentagen. Als Candide von Issachar in Kunigundes Gemächern überrascht wird, zeigt er zum ersten Mal eine erstaunliche Reaktion. Er ersticht den Juden in Notwehr und gleich darauf auch noch den Großinquisitor, an dem genau um Mitternacht dieses Tages die Reihe bei Kunigunde ist. Seine Erklärung für die Tat zeugt von der Lebenserfahrung, die er inzwischen gesammelt hat: „Wenn man verliebt ist, eifersüchtig und von der Inquisition ausgepeitscht, kennt man sich selbst nicht mehr."

Mit Hilfe einer alten Dienerin satteln sie drei Pferde und erreichen Cadiz. Dank seiner bei den Preußen gesammelten Erfahrung im militärischen Drill wird ihm als Hauptmann eine spanische Kompanie unterstellt, die die Jesuiten in Paraguay zur Räson bringen soll, und die drei schiffen sich mit der Truppe ein (Kapitel 10). Zu ihnen gehört jetzt auch der treue Diener Cacambo.

Die ersten beiden Kapitel des zweiten Teils (11, 12) enthalten den Bericht der alten Dienerin, die während der Überfahrt ihr Schicksal erzählt. Sie ist die uneheliche Tochter der Prinzessin Palestrina und des fiktiven Papstes Urban X. und alle Leiden der Kunigunde werden überboten durch das, was sie an Unmenschlichkeit erlebt hat. Ihre Geschichte beginnt in Italien und Vorderafrika, wo auch sie als Sklavin verkauft wird und endet mit den Entsetzlichkeiten des Krieges zwischen Türken und Russen 1695/96.

Die acht folgenden Kapitel dieses Teils spielen in Südamerika. Die vier erreichen Buenos Aires, doch die spanische Polizei ist ihnen schon auf den Fersen. Candide muss Kunigunde bei dem Gouverneur der spanischen Krone zurücklassen, der sich offensichtlich sehr für sie interessiert (Kapitel 13). Er flieht mit Cacambo in den Jesuitenstaat nach Paraguay. Dort geschieht zum dritten Mal einer der Zufälle, durch die sich in diesem Geschehen Verschollene und Totgeglaubte überraschend wiedertreffen. Der Kommandant des Postens, wo sie auf den Pater Provinzial warten müssen, entpuppt sich als Kunigundes Bruder (Kapitel 14). Leider ist die Wiedersehensfreude schon im nächsten Kapitel zu Ende. Der Deutsche ist unrettbar im Adelsdünkel befangen. Als er hört, dass Candide es wagen will, seine Schwester zu heiraten, geht er auf ihn los, und Candide ersticht auch ihn wiederum in einem Reflex der Notwehr (Kapitel 15).

Die beiden können entkommen und haben im Land der Langohren ein Abenteuer mit einem merkwürdigen Fall von Sodomie, der den Darwinismus vorwegzunehmen scheint (Kapitel 16). Höhepunkt dieses Mittelteils ist dann die Ankunft im Lande El Dorado (Kapitel 17). Hier scheint die beste aller möglichen Welten verwirklicht, weil durch den Überreichtum an Gold kein Besitzstreben existiert. Die beiden Europäer hält es jedoch bezeichnenderweise nicht für dauernd in der Ruhe des Wohlstands. Candide meint, er müsse Kunigunde wiederfinden, doch ist der eigentliche Grund zum Aufbruch ein Geltungsstreben, mit dem sie in der Heimat nach solchen Erfahrungen neben den mitgenommenen Schätzen Eindruck zu machen glauben (Kapitel 18).

Es gelingt ihnen, sich in das holländische Surinam durchzuschlagen, wo ihnen die Schrecken der kolonialen Barbarei unter die Augen kommen und Candide von einem geschäftstüchigen Betrüger um sein Vermögen gebracht wird (Kapitel 19). Mit dem Rest schickt er Cacambo nach Buenos Aires, wo Kunigunde inzwischen die Mätresse des Gouverneurs geworden ist. In Venedig wollen sie sich alle wieder treffen. Zuvor aber sucht er sich noch einen neuen Begleiter, indem er mit den Menschen, die sich für die Unglücklichsten in der ganzen Provinz halten, ein vielstündiges Hearing veranstaltet. Er glaubt nämlich, endlich den Optimismus des Pangloss entkräften zu können.

Sieger der Ausscheidung ist Martin, dem das Leben übel mitgespielt hat und der nun im Gegensatz zu Pangloss vom Überwiegen des Bösen in der Welt überzeugt ist und den Pessimismus vertritt. Auf hoher See erleben sie, wie das Schiff des betrügerischen Holländers mit Candides Schätzen von Piraten versenkt wird (Kapitel 20). Darin sieht Candide den Beweis, dass das Böse wenigstens manchmal bestraft wird, und sie diskutieren weiter, fünfzehn Tage hindurch. Der letzte Teil seiner Fahrt führt Candide nach Paris, Venedig und Istanbul, den städtischen Zentren der Monarchie, der aristokratischen Republik und der orientalischen Despotie. Bereits auf der Überfahrt, als sie die Entstehung der Welt und die Natur des Menschen diskutieren (Kapitel 21), sagt der welterfahrene Martin ihm voraus, welche Spezies er in Frankreich vor allem antreffen wird: die literarische, die intrigierende und die klerikale Kanaille, vertreten durch einen Journalisten und einen Kritiker, die adelige Inhaberin einer Spielhölle und einen betrügerischen Abbé (Kapitel 22).

Besonders der Letztere zieht Candide wieder einmal das Fell über die Ohren, er flieht mit Martin nach England. Eine Hinrichtungsszene gleich bei der Ankunft lässt sie aber schleunigst umkehren (Kapitel 23). Venedig im Karneval ist vor allem das Symbol des falschen Scheins. Das wird zunächst vorgeführt an dem Paar Girioflée und Paquette, die hinter einer fröhlichen Maske das äußerste Elend verbergen (Kapitel 24). In der Person des reichen Snobs Pococurante denkt Candide endlich einen glücklichen Menschen zu finden. Es zeigt sich jedoch, dass dieser sich durch die Kritik an allem und jedem, vor allem an den Meisterwerken der Kunst, nur das Gefühl der eigenen Überlegenheit verschaffen will (Kapitel 25). Das sinnfälligste Bild gefallener Größe und hohler Pracht bieten schließlich die sechs entthronten Könige, die nur noch für den Karneval in Venedig leben (Kapitel 26).

Im Dienste eines dieser Könige findet er endlich den treuen Cacambo wieder, sie machen sich auf nach Konstantinopel und während der Überfahrt geschieht noch einmal ein wunderbarer Zufall: Pangloss und der Bruder Kunigundes waren nur totgeglaubt. Candide kann sie aus der Galeere, wo sie rudern, loskaufen (Kapitel 27, 28). In Transsylvanien, beim Fürsten Rakoszy, finden sie auch endlich Kunigunde. Sie macht Küchendienste und ist abstoßend häßlich geworden. Candide will sie trotzdem noch heiraten. Vorher muss jedoch der uneinsichtige Bruder nach Rom expediert werden. Er hat nichts dazugelernt und widersetzt sich der Mesalliance (Kapitel 29).

Das letzte Kapitel kann auch als das letzte Wort Voltaires in der Sache angesehen werden. Candide hat ein kleines Anwesen gekauft, das er jetzt mit den beiden Frauen und den beiden Philosophen bewohnt. Cacambo arbeitet als einziger für das gemeinsame Auskommen. Die große Welt mit ihren großen Risiken sehen sie nur noch durch das Fenster auf den Schiffen des Bosporus vorbeigleiten. Der Optimist und der Pessimist diskutieren mit Candide, jedoch stellt sich in den Gesprächspausen eine unerträgliche Langeweile ein. Die betagte Dienerin wünscht sogar schon die alten Zeiten zurück. Schließlich kommen im Hause auch noch Paquette und Giroflée an. Sie beweisen dem Pessimisten, dass der ihnen durch Candide ermöglichte Reichtum an ihrem Unglück nichts geändert hat.

Um die Frage zu klären, ob der Mensch immer nur die Wahl hat zwischen den Leiden der Rastlosigkeit und dem Stumpfsinn der Langeweile, soll ein weiser Derwisch in der Nachbarschaft gehört werden. Die Ursache der zwiespältigen Natur des Menschen übersteige seinen Horizont, sagt er Candide. Das Leiden der Menschen in der Welt sei in Bezug auf das Ganze so unerheblich wie das Schicksal der Ratten im Kielraum des großen Schiffes.

Auf dem Rückweg werden sie von einem einfachen Landmann mit den Früchten seines Gartens wunderbar gestärkt. Um die politischen Nachrichten aus der Hauptstadt kümmert er sich nicht. Er beschränkt sich auf die Bearbeitung seines Gartens, die ihn vor drei Übeln bewahrt: der Langeweile, dem Laster und der Bedürftigkeit. Sein Beispiel erinnert Candide an die Könige, die die Leere nur im

Rausch betäubten. Er begreift den kleinen Lebensumkreis als einzigen Schutz vor dem Unglück in der Welt und die nützliche Arbeit als Mittel gegen die Langeweile. Pangloss, der auch jetzt wieder auf die letzten Gründe der Situation spekulieren will, wird von Martin zurechtgewiesen: *Travaillons sans raisonner!* Etwas abgemildert sagt Candide jetzt zu den Auslassungen seines alten Lehrers: „Alles gut und schön, aber wir müssen unseren Garten bestellen!"

3. Aufbau

Der Aufbau folgt in drei Teilen jeweils den Ortsveränderungen des Helden.

	Ort	**Wichtigste Ereignisse**	**Szenen des Wiederfindens**
Teil I			
Kap. 1	Westfalen	Candides Vertreibung	
Kap. 2	Holland	Siebenjähriger Krieg	
Kap. 3	Holland		
Kap. 4	Holland	Schiffskatastrophe	Pangloss
Kap. 5	Portugal		
		Erdbeben von Lissabon	
Kap. 6	Portugal	Inquisition	
Kap. 7	Portugal	Doppelter Totschlag	Kunigunde
Kap. 8	Portugal	Flucht nach Cadiz	Kunigunde
Kap. 9	Portugal		
Kap. 10	Portugal		
Teil II			
Kap. 11	Marokko	Bürgerkrieg	
Kap. 12	Algier	Pest	Palestrina/Eunuch
	Türkei	Russisch-Türkischer Krieg 1695/96	
Kap. 13	Buenos Aires	Der Gouverneur	
Kap. 14	Paraguay }	Im Jesuitenstaat	Kunigundes Bruder
Kap. 15	Paraguay }	Im Jesuitenstaat	
Kap. 16	Land der Orejones	Unter Sodomiten	
Kap. 17	El Dorado }	Der ideale Staat	
Kap. 18	El Dorado }	Der ideale Staat	
Kap. 19	Surinam	Kolonialismus Hollands	
Kap. 20	Auf See	Göttliche Gerechtigkeit	

Teil III			
Kap. 21	Paris	Die klerikale Kanaille	
Kap. 22	Paris		Kunigunde
Kap. 23	England		(Vortäuschung)
Kap. 24	Venedig		Paquette
Kap. 25	Venedig	Der leere Schein	
Kap. 26	Venedig		Cacambo
Kap. 27	Konstantinopel	Wiedersehen der	Pangloss, Kunigundes
Kap. 28	Konstantinopel	Freunde	Bruder
Kap. 29	Transsylvanien	Die Bejahung der	Kunigunde
Kap. 30	Türkei	Enge	

4. Kernaussage des Werks

Das Problem, das Voltaires Schrift aufwirft, wurde 1755 durch das Erdbeben von Lissabon für die ganze Welt evident: Gott ist nicht allgütig, wenn er das Leiden in der Welt zulässt, oder aber er ist nicht allmächtig, denn er konnte offensichtlich eine Welt ohne Leiden nicht schaffen. Die Folgerung, die sich aufdrängt, ist, dass Gott mit dieser Welt gar nichts zu schaffen hat, weil es ihn nicht gibt.

Diese Theologiekritik war brisant und für Voltaire lebensgefährlich. Seine Schrift wurde in Genf öffentlich verbrannt, in Rom auf den Index gesetzt und in Frankreich verboten. Er musste die Autorschaft zunächst verleugnen. Nicht so sehr die Philosophie von Leibniz hatte er getroffen, sondern die simplizistischen Kompensationstheorien, die das Leiden des Gerechten mit der Belohnung im Jenseits aufwiegen, das Böse in der Welt durch die Freiheit des Menschen erklären oder gar als Kontrastwirkung, die die Herrlichkeit der Schöpfung nur noch heller strahlen lässt.

Mit seiner Formel von der besten der möglichen Welten hatte Leibniz den Schöpfungsakt als eine Kunst des Möglichen verstanden, für die in der Verbindung von Gutem und Schlechtem ein Optimum erreicht war. Die Evolutionstheorie unserer Tage bestätigt dies für die organischen Wesen insofern, als nach ihr die jeweils überlebenden Arten die am besten angepassten sind. Wenn man von diesem Optimum nicht überzeugt ist, bleibt die Möglichkeit, die Schöpfung als Ganzes rückgängig zu machen, sie wieder in das Nichts aufzuheben, wie Arthur Schopenhauer vorgeschlagen hat. Es fällt aber gerade keinem der voltaireschen Helden bei, dieses Jammertal freiwillig zu verlassen.

Im Gegenteil, auch als Candide in El Dorado die scheinbar beste Welt gefunden hat, verlässt er sie wieder um einer Geliebten willen, die ihm beim Wiedersehen gleichgültig wird. Auch als Candides kleine Gemeinschaft nach den Gefahren der Weltläufigkeit ein ruhiges Leben im kleinen Kreis gefunden hat, schleicht sich Langeweile ein und die Frage taucht auf, ob man nicht trotz aller Pein in der Bewegung der Welt besser zu Hause war. Es können überhaupt nur zwölf Menschen im Ganzen aufgezählt werden, die konsequent durch Selbstmord das Nichtsein der Existenz im Jammertal vorgezogen hatten. Das Dasein ist für den Menschen immer noch das höchste Glück.
An diesen drei Punkten bestätigt Voltaire die These von Leibniz und ist auf dem Niveau der metaphysischen Diskussion, wenn auch seine Helden keinen Satz so oft verspotten wie den von der besten der möglichen Welten. Angesichts der Unendlichkeit des Kosmos, sowohl räumlich wie zeitlich, ist das Leiden darin immer nur individuell. Dies meint der weise Derwisch am Schluss der Schrift mit seiner Allegorie vom Schiff und den im Kielraum leidenen Ratten. Die Anhäufung von Leid, Unglück und Katastrophen aller Art, die Voltaire durch seinen Candide vorführt, kann nur beweisen, dass eine bessere Welt vorstellbar ist. Möglich wäre sie nur durch Einwirken eines gütigen und allmächtigen Gottes. Der Autor ist allerdings der Überzeugung, dass dafür zunächst die Menschen ihren Teil zu leisten haben.

5. Die Personen

Literarische Vorbilder des Candide sind Parzifal, Simplizissimus und auch der Don Quijote. Wie Parzifal an der Lebensregel seiner Mutter hält er zunächst blind an der Lehrmeinung des Pangloss fest. Erst als er nach der Erfahrung in El Dorado das Opfer korrupter Geschäftsleute und Richter geworden ist, will er dem Problem selbst aktiv auf den Grund kommen und nimmt sich sogar mit Martin einen Vertreter der entgegengesetzten Lehrmeinung als Gegenpart für seine Streitgespräche wie zur Kontrolle aller subjektiven Fehleinschätzung. Pangloss dagegen hält trotz besseren Wissens bis zum Schluss an seiner These fest. Er kann nicht mehr anders.
In der Beurteilung der Liebe zeigt Candide schon am Ende des ersten Teils seiner Fahrt eine auffällige Reife des Urteils. Ebenso ist die Selbstverteidigung schon bald bei ihm ein normaler Reflex. Die endliche Wiedervereinigung der Liebenden erscheint merkwürdig nüchtern. Mit der erotischen Attraktion verflog

auch der schwärmerische Idealismus der Jugend und Candide heiratet Kunigunde nur noch aus Pflichtgefühl. Kunigunde war ihrerseits schon im zweiten Teil der Fahrt eine realistische Zweckverbindung mit dem Gouverneur von Buenos Aires eingegangen, statt den Liebsten auf seinem gefährlichen Weg weiter zu begleiten.

Ein Überblick über die anderen vorkommenden oder erwähnten Personen zeigt, dass hier eigentlich nicht Leibniz im Besonderen kritisiert werden soll, sondern dass es um Zeitkritik im weitesten Sinne geht. Der Roman nähert sich dadurch, zumal in seinem dritten Teil, den *Lettres persanes* von Montesquieu. Dieser hatte die Romanform verworfen und die Briefform gewählt, weil er die Probleme der Zeit jeweils in Einzeldarstellungen erörtern wollte. Voltaire hingegen geht es um Persiflage. Ihm sind die meisten Zeiterscheinungen zu absurd, um sie ernsthafter zu kommentieren als mit einem zynischen Grinsen.

Außer dem immer wieder angesprochenen Leibniz überwiegen bei den Eigennamen die Vertreter der zeitgenössischen Philosophie, mit denen Voltaire diskutiert: Newton, Wolf, Hobbes, Rousseau, Spinoza, Maupertuis, Gauchat, Hartsoecker, Castel. Kritiker Voltaires aus der Literatur bekommen ihre Kollegenschelte zumeist ohne Namensnennung ab. Auch die Vertreter der Theologie werden nicht einzeln, sondern kollektiv mit dem Namen ihrer Orden abgehandelt: Protestanten, Anabaptisten, Cordeliers, Benediktiner, Inquisitoren, Jesuiten, Malteser, Sozinianer, Manichäer, Jansenisten, Molinisten, Theatiner und Jakobiner.

Außer den Zelebritäten der Zeit aus Seefahrt, Kriegswesen und Finanzwesen nehmen die gekrönten Häupter den breitesten Raum ein: Friedrich II. von Preußen, Sultan Mulay-Ismaïl von Marokko, der Bey von Algier, Farinelli, der Günstling von Philipp II. und Ferdinand VI. von Spanien, Peter der Große von Russland, August II. von Sachsen, Iwan VI., Charles-Edward von Schottland, Sultan Achmet III., Stanislas Leczinski von Polen, Theodor Neuhoff von Korsika und Franz Leopold Rakoczy von Transsylvanien.

Diese Aufzählung gipfelt am Schluss des Romans in dem Katalog der großen Männer der Geschichte, die alle eines gewaltsamen Todes gestorben sind. Die Protagonisten Voltaires erleben allein drei zeitgenössische europäische Kriege: den Siebenjährigen Krieg, den Spanischen Erbfolgekrieg und den Russisch-Türkischen Krieg 1695 /96.

6. Historische Einordnung

Die Lebensform, die Candides kleine Gesellschaft zum Schluss ergreift, wird später von Goethe als Bejahung der Enge bezeichnet und von ihm selbst in Weimar aufgenommen. Sie hat ihre Anfänge in der stoischen Philosophie der Antike. Nach dem Untergang der Demokratie zieht sich der stoische Weise aus der politischen Tätigkeit ins Privatleben zurück, weil er unter der Tyrannis keine Wirkungsmöglichkeit für sich mehr sieht.

Die Tradition des Atheismus geht auf Baruch Spinoza zurück. In Frankreich gibt es seit Gassendi und Cyrano de Bergerac eine materialistische Untergrundphilosophie, die man als Libertinismus bezeichnet hat. Offene und massive Religionskritik betreibt im 18. Jahrhundert Paul Henri d'Holbach und im 19. Jahrhundert Ernest Renan. Den Titel seines Buches *La Vie de Jésus* nimmt in Deutschland David Friedrich Strauß wieder auf. Mit Schopenhauer und Nietzsche beginnt auch eine neue Metaphysik. Feuerbach und Marx schließlich entwickeln den dialektischen Materialismus.

Le Rouge et le Noir (1830)
Stendhal

1. Leben und Werk

Stendhal (1783–1842) gehört mit Chateaubriand und Lamartine zu den frühesten Romantikern, ist aber in seiner Geistesart eher Voltairianer. Er studiert Mathematik und Psychologie und bringt wissenschaftliche Objektivität auch in seine Werke ein. So können Realisten und Naturalisten ihn später zu ihrem großen Vorläufer erklären. 1821 definiert er in seiner Programmschrift *Racine et Shakespeare* Romantik als die Dichtung der Gegenwart der jeweils lebenden Generation in Opposition zur Klassik. Er bewundert starke Individuen und vor allem Napoleon. Mit siebzehn geht er zur Armee und folgt dem Kaiser später bis nach Russland. Er hasst die Restauration und verachtet auch das Regime des Bürgerkönigs Louis-Philippe, dem er gleichwohl dient. Romantisch ist er vor allem in seiner Auffassung der Liebe. Es zählt für ihn ausschließlich die Intensität der Gefühle und der erfüllte Augenblick. *Le Rouge et le Noir* erscheint 1830 mit dem Untertitel *Chronique du XIXe siècle;* nicht weniger berühmt ist heute *La Chartreuse de Parme* von 1839.

2. Inhaltswiedergabe

Stendhal gibt im vierten Kapitel des Romans eine erste Charakteristik seines Helden. Darin sind wie in einer Ouvertüre die entscheidenden Themen des Werks und damit im Kern schon das Ganze enthalten. Das Buch schildert die Epoche der Restauration nach dem Sturz Napoleons am Beispiel der kleinen Stadt Verrières im Jura. Bürgermeister ist ein Vertreter der wieder in ihre Macht eingesetzten Aristokratie, M. de Rênal. Trotz der komfortableren Position ist diese Kaste im Innersten beherrscht von der Furcht, die Ereignisse von 1789 könnten sich jederzeit wiederholen. Gegenspieler Rênals ist Valenod, Direktor des Armenamts der Stadt und Kopf der liberalen Partei des besitzenden Bürgertums.

Die Rivalität der beiden bezieht sich auch auf die Person Julien Sorels, den beide als Hauslehrer für ihre Kinder gewinnen wollen. Julien gilt als vielversprechend begabt, doch ist es für die Konkurrenten eher eine Frage des sozialen Prestiges, und Rênal engagiert Julien, um dem bürgerlichen Liberalen zuvorzukommen. Von diesen Hintergründen ahnt der so Umworbene nichts, auch sein Vater vermutet eher eine Vorliebe der Madame de Rênal für den Sohn. Für Julien charakteristisch ist jedoch seine Reaktion auf die in Aussicht gestellte Veränderung. Er fühlt seinen eigenen Wert und weist den Hauslehrerposten zurück, wenn er sozial die Gleichstellung mit den Bediensteten des adeligen Hauses bedeuten soll.

Solche Bestimmtheit erstaunt den Leser, der den Protagonisten eben noch vor den Schlägen des brutalen Vaters sich ducken sah. Dieser Sohn hat seit langem ganz andere Pläne. Den begabten Kindern des Bürgertums ist seit dem Sturz Napoleons die militärische Karriere verschlossen, die bis dahin allen die große Chance des Aufstiegs geöffnet hatte. Julien bereitet sich daher heimlich auf den Beruf des Priesters vor. Unter den jetzt gegebenen Verhältnissen bietet dieser allein noch die gleichen Aufstiegsmöglichkeiten wie die soldatische Laufbahn in der heroischen Epoche des großen Kaisers. Diese Alternative symbolisieren die beiden Farben im Titel des Buches.

Für das Erwerbsleben der eigenen Familie ist Julien schon aufgrund seiner körperlichen Konstitution ungeeignet. Durch die Lektüre der Memoiren von Rousseau und Napoleon hat er sich in der rüden, ausschließlich profitorientierten Umgebung des Hauses seine eigene romantisch-heroische Sphäre gebildet. Gegenüber der Grobschlächtigkeit der Brüder zeigt seine Erscheinung eine gewisse Feinheit und Geschmeidigkeit, die seinen Vater aber eher kränklich anmutet.

Am auffälligsten ist der Ausdruck seiner Augen, der normalerweise Intelligenz und Emotionalität verrät, im Zusammenspiel mit der Physiognomie im Ganzen aber auch Bösartigkeit. So ist dieses Leben von Anfang an durch Verstellung und Ausgrenzung aus der Umgebung gezeichnet und erst zu Ende des Romans soll die Kraft des echten Gefühls für Madame de Rênal alle Schranken durchbrechen.

Julien nimmt die Hauslehrerstelle an und wird zielstrebig der Geliebte der Hausherrin. Die Umstände nötigen ihn jedoch, auf ein Priesterseminar und dann nach Paris zu gehen. Dort eröffnet sich ihm eine Karriere durch die Ehe mit Mathilde de la Mole, die ein Kind von ihm erwartet. Seine Heiratspläne werden jedoch kompromittiert durch einen Brief seiner ersten Geliebten an seinen zukünftigen Schwiegervater. Daraufhin schießt Julien während einer Messe zweimal auf Madame de Rênal, ohne sie jedoch ernsthaft zu verletzen. Er wird trotzdem zum

Tode verurteilt, verschmäht aber ein Gnadengesuch, weil er die Klassenjustiz, die ihn verurteilt hat, nicht anerkennen will. In der Todeszelle erkennt er, dass nicht die Karriere das eigentliche Zentrum seines Lebens war, sondern die Liebe. Als Madame de Rênal ihm vergibt und die Erlaubnis erhält, ihn jeden Tag zu besuchen, versinkt um die beiden Liebenden herum die übrige Welt.

Strukturplan

Kapitel	Arbeitstitel	Erläuterung, Besonderheiten
Teil I		
Kap. 1	Verrières	Die Stadt
Kap. 2	De Rênal	Der Bürgermeister
Kap. 3	Valenod	Der Gegenspieler
Kap. 4	Sorel	Der Vater Juliens
Kap. 5	*précepteur*	Juliens Berufung
Kap. 6	Latin	Juliens Begabung
Kap. 7	Sacré Cœur	Louises Bildung
Kap. 8	Vergy	Erste Vertraulichkeiten
Kap. 9	*La main*	Juliens Wagnis
Kap. 10	*augmentation*	Juliens Druckmittel
Kap. 11	*le baiser de main*	Juliens zweite Kühnheit
Kap. 12	Fouqué	Juliens einziger Freund
Kap. 13	*le bas à jour*	Louises erste Koketterie
Kap. 14	*les ciseaux*	Louises Verwirrung
Kap. 15	*le coq*	Die Liebesnacht
Kap. 16	Derville	Louises Freundin
Kap. 17	*1r adjoint*	lokale Intrigen
Kap. 18	le Roi	Louise verrät sich
Kap. 19	Stanislas	Louises Gewissensskrupel
Kap. 20	*lettres*	anonyme Denunziation
Kap. 21	M. de Rênal	Verblendung durch Profitinteresse
Kap. 22	Valenod	Ablenkungsmanöver
Kap. 23	*mèche*	Trennung der Liebenden
Kap. 24	Amanda	Ankunft in Besançon
Kap. 25	Seminaire	Einstiegsschwierigkeiten
Kap. 26	*la malle*	klerikale Überwachung
Kap. 27	M. Luther	Juliens Sonderstellung
Kap. 28	*procession*	Wiedersehen mit Louise
Kap. 29	Pirard	Juliens väterlicher Freund
Kap. 30	*échelle*	Juliens letzter Besuch bei Louise

Teil II		
Kap. 1	Malmaison	Huldigung für Napoleon
Kap. 2	*chemises*	Aufwendungen im Hause De la Mole
Kap. 3	Norbert	Mathildes Bruder
Kap. 4	Mathilde	Die Pariser Aristokratie
Kap. 5	Marquise	Mathildes Mutter
Kap. 6	Beauvoisis	Julien sucht ein Duell
Kap. 7	*habit bleu*	erste Auszeichnung
Kap. 8	Retz	Mathildes Bewerber
Kap. 9	Altamira	Mathildes wirkliche Helden
Kap. 10	Marguerite	Mathildes Familienkult
Kap. 11	Héloïse	Mathildes Liebesvorstellungen
Kap. 12	Danton	Mathildes Verdacht gegenüber Julien
Kap. 13	*lettre*	Mathildes Liebeserklärung
Kap. 14	*lettres*	Juliens Antwort
Kap. 15	*complot*	Juliens Argwohn
Kap. 16	*échelle*	Die Liebesnacht
Kap. 17	*épée*	Mathildes Enttäuschung
Kap. 18	*maître*	Mathildes verletzter Stolz
Kap. 19	*mèche*	Überbietung in der Ergebenheit
Kap. 20	*vase*	Bruch der Beziehung
Kap. 21	la note secrète	Juliens politischer Auftrag
Kap. 22	Waterloo	die Verschwörung des Adels
Kap. 23	Strasbourg	Juliens Mission
Kap. 24	Korasoff	Juliens russischer Freund
Kap. 25	Fervaques	die Strategie der Liebe
Kap. 26	*lettres*	präfabrizierte Liebesbriefe
Kap. 27	Tanbeau	Juliens Konkurrent
Kap. 28	Richemond	Juliens Versehen
Kap. 29	Mathilde	Mathildes Eifersucht
Kap. 30	Opéra	Mathildes Übergabe
Kap. 31	garanties	Juliens Druckmittel
Kap. 32	*grossesse*	Mathildes Geständnis
Kap. 33	*tabouret*	der Zorn des Schwiegervaters
Kap. 34	*lieutenant*	Zukunftsperspektiven
Kap. 35	*lettre*	Louises Verrat
Kap. 36	visite	Louise ist nicht tot!
Kap. 37	Fouqué	Weitere Besuche und Entlastungsbemühungen
Kap. 38	Frilair	
Kap. 39	Mathilde	
Kap. 40	Louise	
Kap. 41	*jugement*	Das Urteil
Kap. 42	*l'appel*	Julien lehnt die Berufung ab
Kap. 43	Louise	Versöhnung mit Louise
Kap. 44	Sorel	Abschied vom Vater
Kap. 45	Mathilde	Juliens Begräbnis

3. Aufbau

Der Roman hat zwei Kapitel, das erste mit dreißig Unterabschnitten, das zweite mit fünfundvierzig. Jeder dieser Abschnitte ist in der Taschenbuchausgabe zwischen durchschnittlich 6 und 12 Seiten lang und mit einer Überschrift oder einem Motto eingeleitet, das einen symbolischen Bezug zum Inhalt herstellt oder auch nur anekdotischen Kommentar gibt. Das erste Kapitel entwickelt die Liebesgeschichte von Julien und Louise de Rênal. Die dreißig Abschnitte dieses Kapitels sind in zwei Gruppen zu je 15 gebündelt. Der Höhepunkt der Liebesdarstellung liegt entsprechend am Ende der ersten Gruppe (XV. *Le chant du coq).* Die zweite Gruppe zeigt die verschiedenen Erschütterungen bis zur Trennung der Liebenden und Juliens einjährigem Aufenthalt im Priesterseminar von Besançon (XXX. *Un ambitieux*).

Das zweite Kapitel schildert die Liebe von Julien und Mathilde de la Mole. Es weist deutlich eine Strukturierung in vier Zehnergruppen und eine Fünfergruppe auf. Die erste dieser Gruppen zeigt Juliens Eintritt als Privatsekretär in das Haus De la Mole, bis zu dem Punkte, an dem Mathilde ein erstes echtes Interesse für ihn fasst (X. *La reine Marguerite*).

Die zweite Zehnergruppe enthält die erste Liebesbegegnung und deren unmittelbaren Bruch durch Mathildes verletzten Stolz (XX. *Le vase du Japon*). Die nächste Zehnergruppe entfaltet Juliens psychologische Strategie. Er wendet sich scheinbar einer Rivalin zu, und die Eifersucht treibt Mathilde endgültig in seine Arme (XXX. *Une loge aux Bouffes*). In der letzten Zehnergruppe durchkreuzt der Brief der Madame de Rênal und Juliens Mordversuch alle Zukunftspläne der Liebenden. Hier zeichnet sich eine besondere Fünfergruppe ab (XXXV. *Un Orage*). Die nächste Fünfergruppe ist durch die große Beruhigung charakterisiert, die während seiner Haft in Juliens Seele um sich greift. Alles Karrierestreben, alle Verstellung und auch der Druck der Leidenschaft fällt wie eine Last endlich von seinen Schultern (XL. *La tranquillité*).

Die Schlussgruppe des Romans ist dadurch ausgezeichnet, dass sie für die letzten fünf Abschnitte nur noch eine zusammenfassende Überschrift gibt: XLI. *Le jugement*. Damit ist einmal der Urteilsspruch der Verhandlung gemeint, die für Juliens Tod entscheidet, dann aber auch Juliens Entscheidung zwischen den beiden Frauen. Diese ist nun für Mathilde das tiefste Unglück und die schlimmste Demütigung. Ihre verzweifelte Anstrengung, die Liebe auch noch über den Tod hinaus zu retten, hat einen makabren Höhepunkt in der Begräbnisszene, wo sie wie einst Marguerite für Bonifas über dem abgetrennten Haupt des Geliebten eine Andachtskapelle errichtet.

4. Kernaussage des Werks

Gegenstand des Romans ist das Scheitern der großen Revolution im Klassenegoismus von Restaurationsadel und kapitalistischer Bourgeoisie. In dieser doppelten Frontstellung scheitert das begabte Individuum, weil es das Spiel des sozialen Aufstiegs mitspielen will, ohne die notwendige Konsequenz in der charakterlichen Gemeinheit durchzuhalten.

5. Die Personen

Julien ist von Anbeginn in seinem Vaterhaus ein Fremdling, der Verfasser lässt sogar Zweifel an seiner verwandtschaftlichen Zugehörigkeit deutlich werden. Das Gefühl der eigenen geistigen Überlegenheit bei körperlicher Unterlegenheit nährt in ihm ein starkes Ausbruchsbedürfnis. Beim Eintritt in das adelige Haus De Rênal wird dieser Komplex auf das soziale Niveau übertragen. Julien will hier Karriere machen, seine Werbung um Madame de Rênal ist von Anfang an durch diese egoistische Absicht verfälscht. Andererseits ist es nur dieser Antrieb, der ihm den Mut zum Wagnis gibt. Er macht aus ihm seine Lebensregel und unterstellt sich ihm wie einem soldatischen Befehl.

Louise de Rênal hingegen geht durch den ganzen Roman mit engelhafter Selbstlosigkeit. Schon ihre erste Reaktion, als ihr statt des gefürchteten klerikalen Pädagogen für ihre Kinder ein halbes Kind entgegentritt, erscheint warmherzig und mütterlich. Ihr Bildungsstand ist der einer jungen Provinzadeligen, eher mittelmäßig-konservativ, doch zeigt sie intuitive Intelligenz. Sie führt eine konventionelle Ehe ohne starke persönliche Bindung an ihren Gatten, sodass Juliens Werbung auf ihrer Seite eine Akzeptanz auf dem Niveau der Bildung und der erotischen Erfüllung entgegenkommt. Anders als für Emma Bovary steht die Erziehung ihrer Kinder im Zentrum ihres Lebens.

Als Julien sie verlässt, ist sie in ein tiefes Unglück gestürzt. Die kompromittierende Auskunft, die sie dem Marquis de la Mole über seinen künftigen Schwiegersohn erteilt, ist sicher nicht frei von verzweifelter Eifersucht und Enttäuschung, doch stellt sich später heraus, dass ihr schlimmer Brief unter dem Diktat ihres Beichtigers entstand, der offensichtlich bei ihr einen Zustand der personalen Selbstauflösung durch das Leid und das Schuldgefühl benutzt hat. Die spontane Kraft ihrer Liebe durchbricht aber alle sozialen und religiösen Konventionen, als sie Julien in seinen letzten Tagen im Gefängnis besucht.

Um Juliens egoistische Verhärtung aufzulösen, bedarf es hingegen eines Schocks. Sein Attentat auf Louise de Rênal erscheint wie ein halbbewusster Akt. Der Verrat der früher geliebten Person und die Enttäuschung seiner Zukunftspläne können ihn nicht ausreichend erklären. Vielmehr hat sich in diesem Moment der leidenschaftlichen Rache sein echtes Gefühl für die einzige Liebe seines Lebens endlich freigesetzt. Es lässt ihn später dann auch den eigenen Tod vergessen.

Juliens Beziehung zu Mathilde de la Mole ist ausschließlich karrierebestimmt. Liebhaber einer Tochter aus hochadeligem Haus zu sein, ist natürlich auch eine immense Befriedigung seines Selbstgefühls. Sie führt im Verein mit sinnlicher Attraktion sogar zu echter Leidenschaft. Zudem geht alle Initiative zunächst von ihr aus.

Julien zeigt in Sprache und Haltung ein intellektuelles und charakterliches Format, das sie bei ihren Bewerbern aus dem dekadenten Adel der Hauptstadt nicht gefunden hat. Sie schwärmt außerdem für die kraftvollen Individuen der Renaissance-Zeit. Einem Vorfahren, Boniface de la Mole, der als Liebhaber von Marguerite de Navarre für diese in den Tod gegangen ist, hat sie einen persönlichen Kult gewidmet. Julien zeigt zwar als Sekretär ihres Vaters auch politisch eine außerordentliche Begabung, dem Höchstanspruch der Mathilde kann er aber natürlich nicht nachkommen. Die erste Liebesbegegnung hinterlässt eine gewisse Leere. Sie merkt, dass ihr Schwarm für Julien ein zerebrales Produkt ihrer Eigenliebe ist. Das stürzt sie in eine extreme Zerrissenheit von Standesstolz und Selbstgefühl. Auf Juliens Seite steht dem aber eine analoge Überzeugung vom eigenen Wert und das Klassenbewusstsein des bonapartistischen Republikaners gegenüber. Es ergibt sich daraus eine qualvolle Periode der gegenseitigen Überbietung in Manifestationen des persönlichen Stolzes. Es ist fast verwunderlich, dass Julien über die Eifersucht mit den Mitteln einer simplen psychologischen Strategie endlich auch echte Leidenschaft bei ihr erwecken kann.

6. Historische Einordnung

Julien Sorel ist in der französischen Literatur des 19. Jahrhunderts nur der erste in einer ganzen Reihe von jungen Intellektuellen, die nach Paris gehen, um Karriere zu machen. Bei Balzac ist es Lucien de Rubempré, bei Flaubert Frédéric Moreau. Sie scheitern an der gesellschaftlichen Wirklichkeit, Julien jedoch nicht aus Schwäche, sondern aus Stolz. Er entspricht insofern dem heroischen Persönlichkeitsideal der Napoleon-Ära.

Lucien de Rubempré aus den *Illusions perdues* ist dagegen den kriminellen oder auch nur cleveren Geschäftemachern der Hauptstadt unterlegen und endet im Selbstmord. Bei Flaubert schließlich hat sich die ästhetische Subjektivität und die Gesellschaft in völliger Indifferenz auseinander entwickelt. Die Revolution von 1848 scheint heillos, weil das politische Desinteresse von Frédéric Moreau einer ganzen Generation von Söhnen des gebildeten Bürgertums anhaftet. Die Arbeiterklasse schafft den Durchbruch in die Romanliteratur erst mit Emile Zola.

Le Père Goriot (1835)

Honoré de Balzac

1. Leben und Werk

Schaut man auf die Titel der Werke Balzacs, so scheinen sie im großen Stil die Charakterstudien der Moralisten des 17. Jahrhunderts wiederaufzunehmen. Man hat zwischen zwei- und dreitausend verschiedene Menschentypen in seinen Romanen gezählt. Die Monumentalität bekommt das Gesamtwerk dadurch, dass er menschliche Individuen mit ihrem sozialen Umfeld zu verbinden sucht. Seine frühen Philosophiestudien setzten ihn für immer auf die Spur der Gesetzmäßigkeiten, die Menschen und Gesellschaft bewegen. Auch hier berührt er sich mit den Moralisten, denn die Triebfeder fast aller seiner Personen ist eine beherrschende Leidenschaft.

Außer diesem wissenschaftlichen Antrieb hat Balzac die Gabe Molières, im charakteristischen Detail intuitiv den ganzen Menschen zu erfassen und umgekehrt, durch charakteristische Einzelzüge den wirklichen Menschen erkennen zu lassen. Diese kreative Intuition macht ihn zum Vorläufer der Kriminalromane von Georges Simenon. Die sozialen, ökonomischen, psychologischen und physiologischen Gesetze, die er demonstriert, dienen oft nur dazu, die Authentizität seiner Darstellung zu dokumentieren. Auf der Suche nach einem zusammenfassenden Titel denkt er zunächst an *Etudes sociales*, dann aber findet er, an Dantes *Göttliche Komödie* anschließend, den einzig gemäßen: *La Comédie humaine*. Darin ist, wie er sagt, jedes Kapitel ein Roman und jeder Roman eine Epoche.

Die Beobachtung des sozialen Kampfes aller gegen alle hat ihn zu der pessimistischen Überzeugung gebracht, dass die entfesselten Egoismen nur durch starke Ordnungsmächte wie Kirche und Staat zu bändigen sind. Aus gesicherten, wenn auch kleinbürgerlichen Verhältnissen stammend, hat er die soziale Unsicherheit zeit seines Lebens empfunden. Sein erster Versuch, in dem großen gesellschaftlichen Spiel um das Geld mitzuspielen, wird zur finanziellen Katastrophe. Er muss bis zu seinem Tode gegen den Schuldenberg anschreiben, den er als Fünfundzwanzigjähriger aufwirft. Sein ganzes Leben währt auch die Romanze mit seiner fernen Geliebten, der Polin Evelyne Hanska. Als es endlich zur Eheschließung kommt, ist seine Lebensenergie verglüht.

2. Inhaltswiedergabe

Die Pension Vauquer am Südrand der Stadt ist preiswert und schäbig, ihre Inhaberin in der Hauptsache geizig. Sie hat sieben Dauergäste, davon fünf im Rentenalter. Die Mahlzeiten sind turbulent, weil durch Tischgenossen aus dem benachbarten Universitätsviertel die Anzahl der Gedecke auf über zwanzig steigen kann. Zielscheibe des allgemeinen Spottes ist oft der alte Goriot, ein ehemaliger Nudelfabrikant, der die Notlage der Revolutionszeit genutzt hat, um ein beträchliches Vermögen anzuhäufen. Er empfängt manchmal Damenbesuch; es sind seine Töchter, die in vornehme Familien der Hauptstadt eingeheiratet haben, aber trotzdem immer noch ihren Vater um Geld angehen und ihn schon an den Rand der Bedürftigkeit gebracht haben.
Zu den Jüngeren gehört Eugène de Rastignac, Student aus einer verarmten adeligen Familie der Provinz, die ihre letzten Mittel in diesen Hoffnungsträger gesetzt hat, damit er Jura studieren kann und es zu etwas bringt. Er ist von zu Hause an die Vicomtesse de Beauséant empfohlen und nimmt schon bald Kontakt zu der sehr entfernten Verwandten auf. Auf seinem ersten Ball lernt er Anastasie de Restaud kennen, sie entpuppt sich jedoch als die jüngere Tochter des Jean Joachim Goriot. Bei seinem ersten Opernbesuch verliebt er sich in die Baronin von Nucingen, Frau eines Bankiers aus dem Elsass. Sie ist zufällig Delphine, die ältere Tochter Goriots, und wird später seine Geliebte.
Ein weiterer Pensionsgast, Vautrin, verfolgt von Anbeginn das Karrierestreben Eugènes mit Interesse und eröffnet ihm eines Tages eine Möglichkeit, auf schnellerem Wege zu Reichtum zu kommen. Vautrin ist ein entsprungener Sträfling und Chef einer Häftlingsmafia, die ihr Netz im ganzen Land aufgebaut hat.
In der Pension lebt mit ihrer Tante Victorine Taillefer. Ihr Vater hat sie nie als Tochter anerkannt, um sein Vermögen ganz seinem legitimen Sohn zu vermachen. Vautrin schlägt nun vor, diesen Stiefbruder durch einen gedungenen Schläger zum Duell provozieren und umbringen zu lassen. Victorine wäre in diesem Fall Alleinerbin und Eugène brauche ihr nur den Hof zu machen.
Der junge Mann weist solche Komplizenschaft empört von sich, kommt aber durch Spielschulden bald in eine andere Glückslage. Er flirtet unverbindlich, wie er meint, mit der entzückten Victorine und gerät in Abhängigkeit von Vautrin durch eine größere geliehene Summe. Am Tag des Anschlags kann er die Familie nicht mehr warnen, weil Vautrin ihn durch ein Narkotikum in seinem Tischwein außer Gefecht gesetzt hat.

Kurz darauf geschieht das gleiche mit Vautrin. Die Polizei hat zwei andere Pensionsgäste als Spitzel auf ihn angesetzt und diese betäuben ihn, um auf seiner Schulter die Brandmarkierung der Sträflinge zu identifizieren. Er wird überfallen und verhaftet und schreit vor seinem Abgang den versammelten Vertretern der bürgerlichen Gesellschaft seine Verachtung ins Gesicht. Die anderen Gäste weigern sich nun, mit den Denunzianten weiter unter einem Dach zu wohnen. Die Pension steht leer und Madame Vauquer ist ihrer kleinbürgerlichen Existenzgrundlage beraubt.
Der Schluss des Romans zeigt aber an zwei eindrucksvollen Beispielen ebenso den Niedergang des Adels und die Korruption des Großbürgertums. Die beiden verfeindeten Töchter Goriots besuchen ihn ein letztes Mal, um das Allerletzte aus ihm zu pressen. Delphine, die Ältere, hat bei ihrer Eheschließung mit Nucingen keine Gütertrennung vereinbart. Der Bankier setzte ihre Mitgift in dubiosen Geschäften ein, ohne dass sie ihn belangen kann. Anastasie hat ihr ganzes Geld ihrem gewissenlosen adeligen Geliebten zugewendet, um ihn an sich zu binden.
Goriot kann ihnen nichts mehr geben, weil er sich auch schon seine Pension auszahlen ließ, die die Töchter längst verschlungen haben. Rastignac hilft schließlich aus mit der von Vautrin geliehenen Summe, die ihm jetzt auf den Nägeln brennt. Die Abschiedsszene mit den jammernden und zankenden Frauen steht in schauerlichem Kontrast zu der einsamen Sterbestunde Goriots, die seine Töchter mit dem neu gewonnenen Kapital auf Tanzveranstaltungen verbringen.
Die Aristokratie indessen stirbt wenigstens in Schönheit. Madame de Beauséant stirbt auch nicht wirklich, sie geht ins Kloster, weil ihr langjähriger Geliebter sie verlässt. Er muss endlich seinerseits eine Familie gründen und hat eine wohlhabende jüngere Dame aus dem Adel gewählt. Die Vicomtesse de Beauséant veranstaltet nun ein prachtvolles Abschiedsfest, auf dem alle bösen Zungen von Paris die Haltung bewundern sollen, mit der sie aus ihrer Verbindung scheidet.

Strukturplan

Inhalt	**Ab-schnitt**	**Zeitbestimmung**	**Arbeitstitel**	**Erläuterung**	**Seiten-zahl***
Einleitung	1	S. 43 Mme Vauquer …	Die Pension		43–50
	2	S. 50: A l'époque où …	Die Gäste		50–73
Teil I	3	S. 73: … à la fin du mois de novembre 1819 …	Rastignac	Aufnahme im Hause Restaud und Beauséant	73–129
	4	S. 129: Vers la fin de première semaine du mois de décembre …	Vautrin	Aufnahme im Hause Nucin-gen und Intrige des Vautrin	129–170
	5	S. 170: Le lendemain matin	Rastignac	Werbung um Mme Nucingen und Victoire	170–197
Teil II	6	S. 197: Deux jours après …	Vautrin	Glücks-umschwung	197–222
	7	S. 222: Le lendemain …	Collin	Demaskierung	222–250
Teil III	8	S. 250: Le lendemain …	Les sœurs		250–274
	9	S. 274: Le lendemain …	Mme de Beauséant		274–287
	10	S. 287: Le lendemain …	Goriot		287–313

* nach Balzac, Le Père Goriot, Philippe Berthier (Hg.), Paris, Garnier-Flammarion, 1995.

3. Aufbau

Balzac hat in seinem Roman keine Kapiteleinteilung vorgenommen, aber die erzählte Zeit mit deutlicher Absicht in zehn Abschnitte unterteilt, die jeweils durch eine relative Zeitangabe eingeleitet werden. Zwei Ausnahmen sind genaue Zeitangaben und erlauben, das ganze Geschehen auf wenig mehr als zwei Monate anzusetzen.

Die Einleitung schildert zunächst die Pension Vauquer (Abschnitt 1), sodann ihre Gäste (Abschnitt 2), konzentriert sich dann aber schon auf die Person des

Goriot. Die nächsten drei Abschnitte bilden den ersten Hauptteil und enthalten die Geschichte Rastignacs. Abschnitt 3 zeigt seine vielversprechenden Anfänge in der großen Gesellschaft. Abschnitt 4 entwickelt die verbrecherische Intrige von Vautrin. Der fünfte Abschnitt sieht einen eher unglücklichen Rastignac. Seine umworbene Delphine hält ihn hin, seine Finanzlage ist trübe. Er spielt mit dem Gedanken, sich Victorine zuzuwenden. Außerdem begibt er sich durch eine größere Summe geliehenen Geldes in eine verhängnisvolle Abhängigkeit von Vautrin.
Der dritte Teil des Romans enthält das Drama des Vautrin. In Abschnitt 6 werden wir Zeuge seiner Bespitzelung und Denunziation, in Abschnitt 7 wird er überfallen und verhaftet.
Erst der Schlussteil (Abschnitte 8–10) ist in vollem Sinne der Person des Titelhelden gewidmet. Abschnitt 8 zeigt uns Goriot in extremer Zerrissenheit zwischen seinen Töchtern und unter deren unverschämter Pression. Abschnitt 9 enthält den glanzvollen letzten Auftritt der Aristokratin Beauséant in der Pariser Gesellschaft. Dieser adelige Abgang kontrastiert bewusst mit dem elenden Ende des endgültig gebrochenen Goriot im letzten Abschnitt.

4. Kernaussage des Werks

Beherrschender Gegenstand dieses Romans ist das Profitstreben. Der philanthropische Atheismus der Revolution verkommt in diesem Jahrhundert zum primitiven Materialismus. Alle Spielarten des Gelderwerbs werden hier vorgeführt außer dem durch normale ehrliche Arbeit. Es geht vielmehr um müheloses Einkommen. Der vermögende Hochadel drängt daher als einziger nicht zum Gelde, weil er es nicht nötig hat. Durch die Restauration ist er wieder in sein altes Recht als Zuerstbesitzender gelangt (Bauséant). Als extremer Gegenpol steht ihm gegenüber die Revolte gegen das bestehende Gesetz. Der Räuber Vautrin verkörpert das Gesetz des Stärkeren in der ursprünglicheren Form des Faustrechts, natürlich nur insoweit, als der Staat sich nicht als der Stärkere erweist.
Die Vertreter des Großbürgertums verdienen ihr Geld durch Spekulation und Transaktion mit dem damit verbundenen Risiko; das sind der Bankier Nucingen und der Nudelfabrikant Goriot. Frauen kommen in dieser Gesellschaftsordnung zu Geld durch Mitgift oder Erbschaft (Anastasie, Delphine, Victorine). Auch die Prostitution ist angedeutet in der Person der Demoiselle Michonneau. Die lukra-

tive Einheirat wid selbst von verarmten Aristokraten nicht verschmäht (Restaud, Ajuda) und Vautrin sagt es Rastignac ziemlich deutlich, dass es schließlich nur eine Form der Prostitution ist, sich als Liebhaber einer reichen Dame aushalten zu lassen.
In der Person der Madame Vauquer zeigt sich die Vermietung als eine Form der kleinbürgerlichen Ausbeutung und die Pensionäre schließlich bilden eine Sonder-gruppe. Sie sitzen auf dem einmal Errafften ohne weitere Möglichkeit, es zu erweitern (Poiret, Couture, Michonneau). Ihr einziger Lebensinhalt ist daher die Bewachung und Bewahrung des Bestandes mit allen Erscheinungsformen des kleinlichen Geizes. Zusätzliche Verdienstmöglichkeiten am Rande der Legalität oder auch nur der Lauterkeit werden natürlich genutzt, so die Spitzeldienste von Poiret und Michonneau.

5. Die Personen

Goriot

Jean Joachim Goriot ist nicht der Märtyrer der Vaterliebe, von seinen Töchtern schnöde verraten wie König Lear. Er hat es eigentlich nicht besser verdient, seine Vaterliebe ist Affenliebe. Dadurch dass er seinen Töchtern jeden Wunsch erfüllt, macht er sie auch von sich abhängig. Sie werden unglücklich, weil er sie nach dem Geld und nicht nach dem Herzen heiraten lässt.

Eugénie Grandet

Sicherlich verfährt er darin gemäß den Konventionen seiner Zeit und seines Standes und ein tragischer Zug in ihm ist unverkennbar. Seine Töchter sind ja nach dem Tode seiner Frau sein einziger Trost und Lebensinhalt. Spätestens in der Sterbestunde jedoch lassen seine endlosen Jeremiaden beim Leser das Mitleid in Ärger umschlagen. Es ist wahrscheinlich, dass es Balzacs stilistische Absicht war, seine Jammertiraden so unerträglich in die Länge zu ziehen.
Gegenüber dieser Modellfigur der extremen Selbstlosigkeit bis zur Selbstaufgabe verkörpert Vautrin die Selbstbehauptung bis zur Revolte gegen die bestehenden Gesetze. Für ihn gibt es nach Balzacs Aussage keine Normen, sondern lediglich Fakten, keine Gesetze, sondern nur Situationen.

Als Rastignac nach Paris kommt, ist er mit dieser Alternative des gesellschaftlichen Verhaltens konfrontiert wie Herakles am Scheidewege. Die Selbstaufgabe bei Goriot und auch Victorine kann er nur nostalgisch bewundern. Vor dem Verbrechen scheut er zurück, jedoch sagt ihm sein Mephisto Vautrin schon voraus, dass sich die empfindlichen Sohlen seines Zartgefühls schnell härten werden und dass die Rechtschaffenheit wie die Flecken auf seinen Babywindeln mit diesen von ihm abfallen wird. Rastignac entscheidet sich daher für die dritte Möglichkeit des gesellschaftlichen Kampfes aller gegen alle. Überhaupt ist er die eigentliche Hauptperson dieses Buches. Mit ihm tritt er ein in das Balzacsche Universum, in dem er noch in fünfzehn anderen Konstellationen wieder auftauchen wird.

Vautrin

Rastignac

6. Historische Einordnung

Reichtum ist seit dem Mittelalter die Macht, mit der sich die Städte gegen den Adel durchsetzen; Wohlstand wird zum konstitutiven Element der bürgerlichen Gesellschaft, aber nie scheint das Geld in der Geschichte eine solche Rolle gespielt zu haben wie im 19. Jahrhundert. Grund dafür ist die industrielle Revolution und das Heraufkommen der kapitalistischen Gesellschaft mit ihrer atemberaubenden wirtschaftlichen Expansion.

Das sichere Gespür des Schriftstellers für grundsätzliche Umwälzungen in der Wirklichkeit hatte schon Stendhal gedrängt, die nach-napoleonische Epoche in *Le Rouge et le Noir* festzuhalten. Balzac wird diese Gesellschaftsdarstellung in denkbar größter Breite fortsetzen. Nach ihnen kommen Hugo, Flaubert und Zola, durch die die französische Gesellschaft des 19. Jahrhunderts eine lückenlose und reich detaillierte Darstellung gefunden hat, wenn man die Schilderung der Provinzgesellschaft von George Sand, Alphonse Daudet und Guy de Maupassant noch hinzunimmt. Diese Tradition setzt sich ununterbrochen bis in unsere Tage fort in den Romanen von Proust, Gide, Duhamel, Martin du Gard und Aragon.

Alle diese Autoren sind in ihrem Bemühen um Objektivität dem Wissenschaftsziel der Aufklärung verpflichtet und stehen so in der Tradition der ersten Kulturhistoriker Montesquieu und Voltaire.

Les Misérables (1862)
Victor Hugo

1. Leben und Werk

Victor Hugo (1802–1885) gilt als der größte Dichter Frankreichs. Sein Werk ist schon rein quantitativ monumental. Er war ein Vielschreiber und Verse kamen ihm mühelos aus der Feder. 1827 gibt er der romantischen Schule ihr literarisches Manifest im Vorwort zu seinem Drama *Cromwell*. Romantik ist für ihn Liberalismus in der Literatur. Tatsächlich folgt der literarischen Revolution die politische schon 1830. Im Februar des gleichen Jahres hatte sein Drama *Hernani* den Durchbruch gegen die klassische Tradition der *Comédie Française* geschafft. Dazu inszenierte die Gruppe Jeune France eine wahre Theaterschlacht. Zu ihr gehörten die Dichter Nerval, Gautier, Vigny und Lamartine. 1843 wendet er sich nach dem Tod seiner Tochter der Politik zu. Seit dem Staatsstreich Napoleons III. ist er ein erbitterter Gegner des Regimes und später das Idol der republikanischen Linken. Er muss nach England ins Exil und dieser letzten Periode verdankt die französische Literatur den ersten großen sozialen Roman *Les Misérables* und sein lyrisches Hauptwerk *Les Contemplations*. An Hugos Begräbnis hat 1885 die ganze Nation Anteil genommen.

2. Inhaltswiedergabe

Jean Valjean muss mit achtzehn Jahren die Familie seiner verwitweten Schwester mit sieben Kindern versorgen. Das Beschneiden von Bäumen und Weinstöcken bringt zu wenig ein; aus Not stiehlt er 1795 ein Brot in einer Bäckerei und wird zu fünf Jahren Galeerenstrafe verurteilt. Durch vier vergebliche Ausbruchsversuche erhöht sich die Haftzeit schließlich auf neunzehn Jahre. 1815 wird er entlassen, mit der Auflage, sich nach Pontarlier zu verfügen. Unterwegs findet er Unterkunft im Hause des Bischofs Myriel. Beim Weiterziehen lässt er dessen Silbergeschirr mitgehen und wird wieder von der Polizei gefasst. Myriel gibt jedoch vor, ihm das Silber geschenkt zu haben, und Valjean

kann seinen Weg forsetzen, nachdem ihn der Bischof verpflichtet hat, mit dem Erlös ein neues Leben zu beginnen. In ihm beginnt jetzt tatsächlich eine tiefe seelische Umwandlung. Unglücklicherweise wird er noch einmal rückfällig und beraubt einen jungen Weggenossen um eine Münze von 40 Sous.
Innerhalb von sieben Jahren bringt er es darauf bis zum Bürgermeister einer kleinen Stadt in der Normandie. Er heißt dort M. Madeleine und betreibt die Fabrikation von Schmucksteinen, die er durch neue Produktionstechnik wieder in Schwung bringen konnte. Eines Abends wird er Zeuge der brutalen Verhaftung einer Prostituierten – Fantine – durch den Polizeichef Javert. Kraft seiner neuen Autorität lässt er die Frau jedoch wieder in Freiheit setzen, sorgt für ihre Pflege im Krankenhaus des Ortes und will sich auch ihrer Tochter Cosette annehmen.
Der zutiefst getroffene Polizeichef fasst als erster einen Verdacht in Bezug auf die Vergangenheit Madeleines, wird aber durch das Auftauchen eines Doppelgängers zunächst noch einmal abgelenkt. In Arras ist Jean Champmathieu verhaftet worden und steht als Jean Valjean vor seinem Prozess. Nach schweren inneren Kämpfen taucht Madeleine im Gerichtssaal auf und kann den Justizirrtum verhindern. Bei seiner Rückkehr verhaftet ihn der triumphierende Javert. Valjean kann jedoch entkommen und sein Vermögen in Sicherheit bringen. Als man ihn dann zum sechsten Male fasst, wird er zum Tode verurteilt, weil der Münzraub jetzt als Rückfalldelikt eines Galeerensträflings gilt. Seine neue Lebensführung und alle Verdienste um die Bevölkerung der Stadt finden keinerlei Erwähnung; immerhin begnadigt ihn der König zu lebenslänglicher Galeerenstrafe. Valjean gelingt aber zum sechsten Mal die Flucht.
In dem Ort Montfermeil kann er sein verstecktes Vermögen an sich nehmen und vor allem Cosette, die Tochter der inzwischen verstorbenen Fantine, aus den Händen ihrer habgierigen Pflegeeltern befreien. Im Vorort St. Marceau in Paris hofft er, Geborgenheit zu finden und für Cosette Vaterstelle zu vertreten, doch auch hier spürt ihn der allgegenwärtige Javert wieder auf. In abenteuerlicher Flucht kann sich Valjean mit dem Mädchen auf das andere Ufer der Seine retten, sie entgehen dem Polizisten aber nur durch ein kleines Wunder. Im Garten des Klosters Picpus treffen sie auf den Klostergärtner Fauchelevent. Ihm hatte Valjean als M. Madeleine das Leben gerettet und eben diese Stelle besorgt, die ihnen jetzt ein Möglichkeit der Zuflucht bietet. Fünf Jahre ist Valjean Gärtner neben Fauchelevent. Nach dessen Tod mietet er in der Stadt ein Haus und zwei Ausweichquartiere als Fluchtmöglichkeit. Da Cosette nicht in den Orden eintritt, bezahlt er für ihre Erziehung und Pension 500 Francs an das Kloster. Danach beginnen für ihn drei Jahre ungetrübter väterlicher Freude bis zum Blickkontakt Cosettes mit ihrer ersten Liebe, Marius Pontmercier.

Marius hat schon früh seine Mutter verloren und wächst im Hause seines Großvaters Gillenormand auf. Dieser ist ein erzkonservativer Monarchist, der die Revolution von 89 ebenso verteufelt wie die Ära Napoleons. Er hat darum jede Beziehung zum Vater von Marius abgebrochen, weil dieser ein verdienter Offizier und Kriegsheld in der Armee Napoleons war. Marius nimmt er nur unter der Bedingung in sein Haus, dass sein Vater auch zu ihm jede Beziehung aufgibt. Dieser willigt unter Schmerzen ein, um seinem Sohn die Erbschaft des Großvaters zu erhalten. Marius erfährt von seinem Vater erst nach dessen Tod, vor allem durch Heeresberichte der Napoleonischen Feldzüge. Er wird ein glühender Verehrer Bonapartes und entzweit sich dadurch vollends mit seinem Großvater, von dem er sich ohnehin nicht geliebt fühlt. Er zieht aus, weist jede finanzielle Unterstützung zurück und muss sich durch bittere Armut kämpfen, bevor er ein Jurastudium abschließt. Die republikanische Studentengruppe, in die er gerät, nimmt seine Napoleonverehrung nur sehr kühl auf. Hier wird die Revolution gegen das restaurative System der Bourbonen vorbereitet. Napoleon schätzt man, weil er die Ideen von 89 nach Europa gebracht und Frankreich groß gemacht hat. Man verurteilt dagegen, dass er als Despot das revolutionäre Prinzip der Freiheit selbst verriet.

Die Julirevolution von 1830 wird in Hugos Darstellung fast ganz ausgespart. Er hält sie als historischen Kompromiss für im Grunde gescheitert, weil sie zwar die Bourbonen vertrieben, aber mit Louis-Philippe das Königtum doch beibehalten hat. Für die Person des Bürgerkönigs selbst äußert er im ersten Buch des vierten Teils nur Hochachtung, ähnlich wie Heinrich Heine, der als Zeitgenosse über die französischen Zustände an die Augsburger Allgemeine Zeitung berichtet. Auch Heine bemerkt die allgemeine Unruhe, die in der Bevölkerung der Stadt zu weiteren Veränderungen treibt. Arbeiter und Handwerker werden bei Hugo zunächst nur in den Akten der Geheimpolizei sichtbar, die allerorts der Subversion nachspürt.

Einen breiten Raum widmet der Autor dagegen der Armutskriminalität der Hauptstadt. Das Milieu der Kriminalgeschichten von Eugène Sue gibt Hugo dokumentarisch nach den Gerichtsakten berühmter zeitgenössischer Prozesse wieder. Zu den Köpfen der Unterwelt gehört Thénardier, aus dessen Haus Valjean vor acht Jahren Cosette befreit hatte. Er erkennt Valjean wieder und bereitet einen Hinterhalt, um ihn zu erpressen. Dazu ist im Hause Gorbeau, wo jetzt auch Marius einen Raum bewohnt, eine ganze Truppe berühmter Totschläger versammelt. Marius erkennt ebenfalls den Vater seiner geliebten Cosette wieder und eilt davon, um dem Polizeikomissar Javet das Komplott anzuzeigen. Er muss aber auch entsetzt feststellen, dass Thénardier der Mann ist, der seinem Vater in der Schlacht von Waterloo das Leben gerettet hat. Er kann nicht wissen, dass dieser den Vater nur unter einem Berg von Leichen hervorzog, um ihn zu berauben. In dem bösen Dilemma zwischen seiner Liebe und dem Andenken des Vaters erspart ihm jedoch Javerts Polizeitruppe die Entscheidung.

Die beiden Liebenden haben zu diesem Zeitpunkt ein Jahr der Verzweiflung hinter sich. Durch beiderseitige Schüchternheit und die wachsame Eifersucht Valjeans verloren sie sich aus den Augen. Die neue Adresse Cosettes bekommt Marius aber durch die älteste Tochter Thénardiers, Eponine. Sie scheint auf dem Wege in die Prostitution, ist aber in Marius verliebt und bleibt von jetzt an für ihn eine Art unsichtbarer Schutzengel. Durch sie finden Cosette und Marius im dritten Buch des vierten Teils endlich zueinander.

Wegen der zunehmenden Unruhe in der Stadt will Valjean jedoch mit Cosette nach England gehen. Marius kann die drohende Trennung nicht abwenden, weil ihm der Großvater die Einwilligung zur Ehe glatt abschlägt. Verzweifelt sucht er den Tod im Barrikadenkampf. In der Rue Saint-Denis trifft er mitten auf den ersten Angriff der Regierungstruppen. Er kann den Freund Coufeyrac retten und durch einen Handstreich auch die ganze Barrikade. Er selbst wird nur durch Eponine gerettet, die einen Schuss von ihm abwendet, indem sie sich selbst opfert. Sie stirbt in seinen Armen, kann ihm aber noch die Nachricht Cosettes übergeben, die seinem Lebensmut aufgeholfen hätte.

Davon liest Valjean durch Zufall eine Kopie und glaubt Cosette für immer für sich verloren. Er fängt die letzte Nachricht von Marius an Cosette ab und kann ihn dadurch an der Barrikade auffinden. In dem Kampf greift er aber nur defensiv ein; er versorgt die Verwundeten und kann unter Lebensgefahr die Splitterwirkung der Armeekanonen neutralisieren. Als er den als Spitzel enttarnten Javert exekutieren soll, lässt er ihn entkommen. Der schwerverwundete Marius wird von ihm durch das Kanalsystem der Stadt gerettet. Am Ende seines mühsamen Weges steht wieder Javert vor ihm. Diesmal hilft er ihm, Marius in das Haus seines Großvaters zu bringen und verhaftet ihn nicht mehr. Mit dem Bewusstsein, als Gesetzeshüter dadurch das Gesetz missachtet zu haben, kann er aber nicht weiterleben und stürzt sich in die Seine.

Nach vier schweren Monaten ist Marius genesen, Cosette kann ihn besuchen, und sein Großvater, der ihn wie ein ganz anderer Mensch mit seiner Fürsorge umgibt, richtet sogar die Hochzeit der beiden aus. Valjean könnte jetzt als M. Fauchelevent im gleichen Hause am Familienleben teilnehmen, zumal er sein beträchtliches Vermögen als Mitgift für Cosette einbringt. Sein Gewissen verbietet ihm aber das Weiterleben in der Verstellung und er gesteht Marius seine Vergangenheit.

Selbst an diesem zeigt sich die mächtige Wirkung, mit der das Rechtssystem, dessen Teil er ist, seinen Charakter geprägt hat. Die Tatsache, dass sein ver-

meintlicher Schwiegervater als Vorbestrafter für immer sozial ausgegrenzt ist, ernüchtert ihn deutlich und er versucht fortan, den Kontakt zwischen diesem und seiner Frau zu erschweren. Freilich weiß er noch nicht, wer ihm nach der Erstürmung der Barrikade das Leben gerettet hat, und meint sogar, die Mitgift Cosettes sei krimineller Herkunft. Um Cosettes willen akzeptiert Valjean seine Haltung und zieht sich seinerseits zurück. Der Kummer bricht ihm jedoch das Herz.
Die Auflösung erfolgt schließlich durch Thénardier, obwohl dieser eigentlich das Böse stiften will. Die Reue der Kinder kommt zu spät, doch gibt ihr Erscheinen am Totenbett Valjean den einzigen Trost, nach dem er verlangte. Seine letzte Stunde hat dann alle Wesensmerkmale der Nachfolge Christi. Priesterlichen Beistand nimmt er nicht an, weil er sich durch Myriel im Himmel vertreten und beschützt weiß. Er stirbt im Schein der beiden silbernen Leuchter, deren Diebstahl durch die Wirkung des Bischofs in seiner Seele zur großen Umkehr in seinem Leben geführt hatte.

3. Aufbau

Die **ersten beiden Teile** seines Werkes hat Hugo nach zwei Frauen betitelt. Sein theologisches Spätwerk deutet sogar die Genesis um im Sinne einer Rechtfertigung der Frau. Trotzdem ist der Handlungsträger des Romans zunächst Jean Valjean. Der erste Teil „Fantine“ hat acht Bücher, der zweite „Cosette“ fünf. Die Thematik wird jeweils vom Autor selbst in einem Untertitel angegeben. So dominiert im ersten Buch „Un Juste“ die Gestalt des Bischofs Myriel (Abschnitt 1–6). Unverkennbar hat Hugo hier aber auch eine Art Summe seiner eigenen Philosophie und Weltanschauung gezogen (7–4).
Das zweite Buch „La Chute“ enthält die Geschichte des Jean Valjean. Es beginnt mit seiner Entlassung aus der Haft und der Ankunft bei Myriel (6–9), schildert dann in einer Rückblende seinen Sündenfall und vier vergebliche Ausbruchsversuche (6–9), schließlich seine Bekehrung durch die verzeihende Menschlichkeit des Bischofs (10–3).
Das dritte Buch „En l'année 1817“ entwirft ein Panorama der Pariser Zustände zu Beginn der Restaurationsepoche. Darin erscheinen in der Großaufnahme einer Landpartie vier Studenten mit ihren Freundinnen aus der Modemanufaktur (1–5).

Der Abschluss des Ausflugs ist als Burschenstreich aufgezogen, enthüllt sich aber im Grunde als schnöde Absetzbewegung der bürgerlichen Liebhaber von ihren Studentenliebchen aus dem Arbeitermilieu (6–9).
Das vierte Buch ist unverhältnismäßig kurz. Seinen Inhalt fasst der Titel in einem Satz zusammen: *Confier, c'est quelquefois livrer.* Damit ist der verhängnisvolle Irrtum bezeichnet, den Fantine in der Wahl der Pflegeeltern für ihre uneheliche Tochter begeht.
Das fünfte Buch „La Descente" schildert in einer weiteren Rückblende zunächst den Aufstieg Valjeans zum Bürgermeister (1–3), dann mit besonderer Sorgfalt den Charakter seines Gegenspielers Javert (4–6). Die zweite Hälfte zeigt den Abstieg Fantines durch die verschiedenen Stufen der Armut bis in die Prostitution (7–13).
Das sechste Buch ist wieder nur ein kurzer Einschub wie das vierte. Im Zentrum steht der Polizeichef Javert. Seine Selbstaufgabe in der unbedingten Pflichterfüllung wird hier in das rechte Licht gesetzt durch den Kontrast zu dem korrupten Egoismus des Gauners Thénardier.
Das siebte Buch „L'Affaire Champmathieu" schildert den Prozess des Doppelgängers von Jean Valjean. In der ersten Hälfte (1–5) scheint es, als stelle sich das Schicksal selbst mit einer Kette von Hindernissen seiner Ankunft in Arras entgegen. Mit übermenschlicher Selbstüberwindung tritt er schließlich in den Gerichtssaal, wo er fast sein eigenes Schicksal vor der Klassenjustiz wiederholt sieht, und entlastet durch sein Zeugnis den Angeklagten.
Das achte Buch „Contrecoup" enthält den Triumpf des Polizeichefs Javert, der sich jetzt in seinem ursprünglichen Verdacht glänzend bestätigt sieht. Endlich kann er den Bürgermeister verhaften, doch der entdeckt wieder seine früheren Fähigkeiten und entkommt noch in der gleichen Nacht, um vor allem die Beerdigung Fantines auszurichten. Sein weiterer Verbleib am Ende dieses Teils ist nicht durchsichtig.

Der **zweite Teil** des Werkes „Cosette" beginnt mit einer monumentalen Rückblende in die Schlacht von Waterloo. Erst ganz am Schluss erkennt man in der Gestalt des Leichenfledderers Thénardier, der später Cosettes Pflegevater wird, eine Beziehung zu der persönlichen Geschichte Valjeans und Fantines. Durch diese Schlachtbeschreibung wird aber zum ersten Mal deutlich, dass es Hugo in seinem Roman um eine Menschheitsgeschichte am Beispiel des 19. Jahrhunderts und letztlich am Beispiel der hier handelnden Personen ging.
Die Darstellung der Schlacht hat eine informative Hälfte (1–4), die das Terrain und Napoleons Kriegstechnik erläutert, und eine unmittelbare Wiedergabe des Schlachtverlaufs mit dem Anfangserfolg der Franzosen und dem Glücksumschwung durch das Eintreffen der preußischen Truppen (5–8).

Das zweite Buch dieses Teils führt aus der Rückblende wieder in die Gegenwart des Spanischen Krieges von 1823. „Le Vaisseau L'Orion“ gehört wie das vierte, sechste und achte Buch des ersten Teils zu den kürzeren Überleitungen. Wir erfahren, dass Valjean inzwischen zum sechsten Mal ergriffen und zum sechsten Mal entkommen ist und sein Vermögen in der Nähe des Ortes Monfermeil versteckte, wo Cosette bei ihren Pflegeeltern Thénardier mittlerweile das achte Lebensjahr erreicht hat.
Nach dem Schicksal Valjeans und Fantines, auf das sich Hugo in seinem Vorwort bezieht, ist das dritte Buch eine erste bewegende Anklage der Kinderarbeit. Es entwickelt zunächst die schäbige Herzlosigkeit der Ausbeuter (1–5), dann die endliche Befreiung Cosettes durch Valjean (6–11).
Das vierte Buch „La Masure Gorbeau“ scheint in der Vorstadt St. Marceau in dem Haus, das der Titel nennt, endlich eine Perspektive des Glücks für Valjean als neuen Vater von Cosette zu zeigen. Der Polizist Javert stößt aber auch hier wieder auf seine Fährte.
So entwickelt sich im fünften Buch „A chasse noire meute muette“ eine Verfolgungsjagd durch die Stadtviertel des alten Paris, die aus einer Kriminalgeschichte von Eugène Sue stammen könnte (1–5). Der Schluss geht dann ins Wunderbare über. Valjean ist schon gestellt, als ihm noch einmal das Glück und seine außerordentlichen Körperkräfte die Flucht mit Cosette ermöglichen.
Das sechste Buch „Le Petit-Picpus“ ist eine auffällig sachkundige Beschreibung eines Klosters nach der Regel des Spaniers Martin Verga. Das siebte Buch „Parenthèse“ bezeichnet der Autor selbst als Exkurs. Er nimmt den Anlass wahr, seine Stellung zur religiösen Form der mönchischen Askese zu entwickeln. Er erkennt die zivilisatorische Leistung der Orden in der Geschichte an, hält die Institution in der Moderne aber für überflüssig. Unangetastet bleibt dabei die metaphysische Funktion der Kontemplation, die er aber lieber in der Disziplin der Philosophie wahrgenommen sieht.
Das achte Buch „Les cimetières prennent ce qu'on leur donne“ ist fast eine Grotesque im Stil von Eugène Sue. Der dankbare Fauchelevent verschafft unter abenteuerlichen Umständen Valjean eine Stelle als zweiter Klostergärtner, Cosette wird als Klosterschülerin angenommen und für beide zeichnen sich endlich einige Jahre der Ruhe und des Glücks ab.

Die ersten sechs Bücher des **dritten Teils** entwickeln den Lebenslauf des Marius bis zu der entscheidenden Begegnung mit Cosette im Jardin du Luxembourg. Das siebte Buch entfaltet das Panorama der Pariser Unterwelt, das in der Charakteristik des Thénardier im achten Buch gipfelt. Hier findet Marius durch dessen Komplott nach einjähriger Trennung auch die Spur seiner Liebsten

wieder. Ihre Liebesgeschichte nimmt dann die ganze erste Hälfte des vierten Teils ein; die zweite Hälfte, vom zehnten Buch ab, schildert in allen Einzelheiten den 5. Juni 1832 an der Barrikade der Rue de la Chanvrerie.
Die Darstellung der Insurrektion beginnt aber bereits im ersten Buch des dritten Teils "Parvulus" mit der Charakteristik des Gavroche. Die nächsten beiden Bücher lassen in der Gestalt des Gillenormand die vorrevolutionäre Welt des 18. Jahrhunderts noch einmal auferstehen „Le Grand bourgeois“ und „L'Aïeul et le petit-fils“. Das vierte Buch „Les Amis de l'A.B.C.“ ist eine kollektive Charakteristik der Gegenseite. Die führenden Köpfe dieses Clubs der bonapartistischen Liberalen hat Hugo in neun Einzelporträts dem Vergessen entrissen.
Erst danach setzt die Romanhandlung wieder ein. Das fünfte Buch „Excellence du Malheur“ sieht Marius in der Erfahrung der materiellen Not auf einem Tiefpunkt, das sechste Buch „La Conjonction de deux étoiles“ soll ihn an den Sternenhimmel des Liebesglücks entrücken. Die beiden folgenden Bücher sind ein schockierender Kontrast zu diesem romantischen Idealismus. Das siebte Buch „Patron-Minet“ versammelt die führenden Köpfe der Verbrecherwelt wie zuvor das vierte die der idealistischen Studenten. Wenn hier auch noch eine gewisse Größe im Bösen beeindrucken mag, so führt Hugo im letzten Buch „Le mauvais Pauvre“ das Verbrechen in seiner abstoßenden Schäbigkeit vor.

Die ersten drei Teile des Werkes sind nach den Personen Fantine, Cosette und Marius benannt, der fünfte wird den Namen Jean Valjean tragen. Im Titel des **vierten Teils** will Hugo signalisieren, dass er das Thema der Liebe parallel mit dem Thema der Revolution entwickelt: „L'Idylle Rue Plumet et l'Epopée Rue Saint-Denis“. Er beginnt mit einer historischen Kritik des Bürgerkönigtums „Quelques Pages d'histoire“ und einer Würdigung Louis-Philippes.
Im zweiten Buch „Eponine“ erfährt Marius endlich durch die Tochter Thénardiers die ersehnte Adresse Cosettes, so dass sich im dritten Buch „La Maison de la Rue Plumet“ die Liebesgeschichte als unrealistische platonische Idylle entfalten kann. Durch die väterliche Eifersucht Valjeans ist das Geschehen im vierten Buch „Secours d'en bas peut être secours d'en haut“ noch einmal retardiert. Im fünften Buch „Dont la fin ne ressemble pas au comencement“ kommt es endlich zum nächtlichen ersten Rendezvous der Liebenden.
Noch einmal wird der weltentrückten Romanze im nächsten Buch „Le petit Gavroche“ das äußerste Elend der in der Großstadt vergessenen Kinder entgegengesetzt. Dazu entwickelt Hugo im siebsten Buch „L'Argot“ eine Theorie der Sprache der Verelendung. Im achten Buch „Les Enchantements et les désolations“ soll die Wirklichkeit Marius auf dem Höhepunkt seiner Träume schließlich einholen.

Im neunten Buch wird drei Personen auf rätselhafte Art der Beginn der Kämpfe angekündigt: Valjean, Marius und Mabeuf. Hinter dem Rätsel steckt in den ersten beiden Fällen Eponine. Das Buch hat den Titel: „Où vont-ils?" und alle drei werden ihren Weg durch das nächtliche Paris zur Barrikade in der Rue Saint-Denis nehmen. Der Botengang des Gavroche ist dazu im elften Buch das heiter-tragische Vorspiel. Der Titel dieses Buches formuliert noch einmal Hugos kosmologische Lieblingsidee vom Zusammenhang des Kleinsten mit dem Größten: „L'Atome fraternise avec L'ouragan."
Der Sturm hat aber mit der Beerdigung des Generals Lamarque bereits eingesetzt. Im zehnten Buch „Le 5 Juin 1832" gibt Hugo eine Analyse der Vorgänge und im zwölften Buch „Corinthe" die dokumentarisch präzise Beschreibung des Kampfplatzes in der Rue de la Chanvrerie. Hier hat inzwischen Enjolras, das Haupt der Republikaner, die Barrikade organisiert, Javert als Polizeispitzel entlarvt und den Provokateur Cabuc hingerichtet. Die Detailbeschreibung in diesem Buch zerdehnt in quälender Weise für den Leser die Zeitspanne, die die Insurgenten noch vom Angriffsmoment der Regierungstruppen trennt.
Das verstärkt sich weiter im dreizehnten Buch „Marius entre dans l'ombre" durch die Beschreibung der vornehmen bürgerlichen Stadtviertel, die Marius auf seinem Gang zu den Kameraden durchquert. Hier scheint das Leben unbeeindruckt vom politischen Geschehen und ganz untragisch weiterzugehen. Im vierzehnten Buch „Les Grandeurs du désespoir" trifft Marius in den Angriff der Regierungstruppen.
Ein Brief von Cosette an Marius hat für Valjean im fünfzehnten Buch „La Rue de l'Homme armé" eine entscheidende Bedeutung. Er glaubt Cosette für immer für sich verloren, legt in einem dramatischen Ernst die Uniform der Nationalgarde an, zu der er als Reservist seit 1830 gehört, und macht sich ebenfalls auf den Weg zum Kampfgeschehen.
Der **fünfte Teil** des Werkes hat endlich den Namen der Hauptperson zum Titel: Jean Valjean. Die Insurrektion endet hier im Massaker und die Liebe in der bürgerlichen Idylle. Jedem dieser drei Themen ist ziemlich genau ein Drittel des Textumfangs eingeräumt. Das erste Buch „La Guerre entre quatre murs" erzählt nach einem kurzen Vergleich mit den Barrikaden von 1848 den aussichtslosen und darum trotz aller revolutionären Begeisterung bedrückenden Untergang der republikanischen Insurgenten.
Das zweite Drittel schildert die selbstlose und übermenschliche Anstrengung, mit der Valjean den bewusstlosen Marius durch das Kanalsystem der Hauptstadt schleppt. Auch hier wird das Grauen wieder stilistisch beschworen, weil der Autor das Geschehen „La Boue mais l'âme" in der Detailbeschreibung quälend zerdehnt. Im vorausgehenden zweiten Buch „L'Intestin de Léviathan" ist die

Romanhandlung durch einen Exkurs sogar völlig suspendiert. Auf dem Höhepunkt der Spannung sieht sich der Leser zunächst mit einer historischen und technischen Darstellung der Entsorgungsprobleme der Hauptstadt bis zum Recyclinggedanken konfrontiert.

Das vierte Buch enthält in einem einzigen Kapitel „Javert déraillé“ die seelische Problematik und den Selbstmord des Polizeiinspektors.

Im letzten Drittel des Textes kann sich endlich das Happyend der Liebesgeschichte vollziehen. Ihm ist jedoch parallel als Wermuthstropfen das kummervolle Lebensende Valjeans in der Selbstverleugnung beigegeben. Das fünfte Buch „Le Petit-Fils et le grand-père“ schildert zunächst die optimistischen Hochzeitsvorbereitungen der beiden Großväter. Schon das folgende sechste Buch „La Nuit blanche“ zeigt Valjean jedoch in einen Gewissenskonflikt gestürzt, der an die Gethsemane-Szene des Ersten Teils (Buch VII, 3) erinnert. Er könnte unproblematisch im Kreise der neuen Familie weiterleben, doch verbietet ihm die innere Stimme das Verschweigen seiner Vergangenheit als Lebenslüge.

Im siebten Buch eröffnet er sich daher Marius gegenüber „La dernière Gorgée du calice“ treibt aber tragischerweise seine Bescheidenheit so weit, ihm nicht auch seine Rettungstat zu gestehen. Eine weitere Fehlinformation lässt Marius dann sogar noch an der legalen Herkunft der Mitgift zweifeln und es kommt im achten Buch „La Décroissance crépusculaire“ zu der schmerzlichen Abkühlung und Trennung.

Die Reue der Kinder kann im neunten Buch „Suprême ombre, Suprême aurore“ nur der Sterbestunde die letzte Härte nehmen. Offensichtlich hatte Hugo den Goetheschen Mephisto vor Augen, wenn er hier noch einmal Thénardier als Deus ex machina auftreten lässt. Seine Denunziation bringt letzlich die Klärung und es entsteht aus einem Bösen das Gute, wie schon ganz zu Anfang der Diebstahl der Silberleuchter zur Umkehr in Valjeans Leben geführt hatte.

Zusammenfassung

In dem Vorwort, das Hugo 1862 seinem Werk voranstellt, umreißt er in drei Punkten sein inhaltliches Programm: die Ausbeutung des Mannes, die Prostitution der Frau und die Verwahrlosung des Kindes will er geißeln. Das erste Problem entfaltet er am Schicksal des Jean Valjean durch den ganzen Roman. Die Prostitution ist das besondere Thema des ersten Teils in der Lebensgeschichte der Fantine. Kinderarbeit und Kinderelend zeigt er in den Gestalten der Cosette im zweiten Teil und des Gavroche im vierten.

Bereits im zweiten Teil jedoch überwuchert die Zeitgeschichte in der Darstellung der Schlacht von Waterloo den Weg der handelnden Personen. Während der erste Teil eine erzählte Zeit von sieben Jahren abdeckt (1815–1822), umfasst der zweite nur noch zwei Jahre (1823/24). Im dritten Teil wird in einer Überlappung zunächst die Geschichte des Marius nachgeholt, nach Verlassen ihres klösterlichen Asyls stehen Valjean und Cosette aber schon am Ende dieses Teiles in der Zeit der Insurrektion von 1832. Der vierte und fünfte Teil werden über dieses Jahr nur noch mit der Hochzeit des Marius am 16. Februar 1833 hinausgehen. Der vierte widmet sich im Schwerpunkt ganz dem Barrikadenkampf vom 5. Juni, der fünfte dann dem folgenden Tag.

Während man die Darstellung der Zeitgeschichte als historisch-realistisch bis zum Dokumentarischen bezeichnen kann, ist die Lebensgeschichte Valjeans phantastisch bis zum Wundersamen der Heiligenlegende. Hugo ist offensichtlich von den Kriminal- und Horrorszenen des Eugène Sue fasziniert. Er selbst hat in seiner Jugend in dem Stück „Hernani" Ähnliches produziert. So muss auch hier der unglaubliche Zufall die Geschichte jeweils weitertreiben und es fällt schwer, darin immer die Hand einer lenkenden Vorsehung zu sehen, außer der des Autors.

Darüber hinaus verwendet Hugo noch so viele andere Texttypen, dass man sein Buch als ein Gesamtkunstwerk im Sinne des deutschen Romans der Romantik ansehen könnte, wenn die Zeit dafür 1862 nicht längst vorüber gewesen wäre. Besonders seine schwärmerischen Rhapsodien über die Liebe legen das nahe und eine deutliche Vertrautheit mit deutscher Dichtung und Musik.

Außer dem Waterloo-Gemälde finden sich politische Stellungnahmen in Porträts der Zeitgeschichte, so zum Jahr 1817 (I, 3) zum Bürgerkönigtum (IV, 1) und zum bonapartistischen Republikanismus (III, 4). Weltanschauliche Einschübe liegen vor im Charakterbild des Bischof Myriel (I, 10–14) und einem Kapitel über die klösterliche Askese (II, 7), eine Beschreibung des Klosterinneren geht fast bis zur dokumentarischen Fotografie (II, 6), ebenso die der Barrikaden von 1832 (IV, 12, 13) und 1848 (V, 1). Hugos topografisches Interesse am Straßenbild des alten Paris zeigt deutlich ein nostalgisches Bemühen, festzuhalten, was er in der Zeit der zweiten Republik bereits im Schwinden sieht (II, 5, 6). Fachlich-technische Exkurse behandeln den Argot (IV, 8), die Ökologie von Paris (V, 2) und die Kunstglasfabrikation (I, 5).

Unumstrittene Meisterschaft zeigt der Autor immer wieder bei der psychologischen Analyse. In den Charakteristiken des Gillenormand (III, 2, 3), des Marius (III, 3) und des Thénardier (III, 8) stellt er sich mit unerbittlicher Schärfe in den Dienst der Realität. Für das Gruppenporträt der Pariser Unterwelt hat er sogar Gerichtsakten studiert (III, 7), wie er sich überhaupt um das Elend der sozial Ausgegrenzten immer wieder aus eigener Anschauung bemühte, sei es in Gefängnisbesuchen oder der Beobachtung von Strafprozessen seiner Zeit.

4. Kernaussage des Werks

Gegenstand des Werkes in den ersten beiden Teilen ist die empörende Ungerechtigkeit der Restaurationsgesellschaft gegenüber den Zukurzgekommenen der Revolution. Das absurde Missverhältnis von Vergehen und Strafe, in dem die bürgerliche Gesellschaft vor allem Eigentumsdelikte verfolgt, wird von Hugo besonders dieser Epoche der Restauration angelastet. Das zeigen die historischen Positionsbestimmungen, durch die der Autor die Lebensgeschichte Valjeans mit der Zeitgeschichte verknüpft.

Die großartige Darstellung der Schlacht von Waterloo zu Beginn des zweiten Teils sprengt als Rückblende fast den Gang der Erzählung, setzt aber das Geschehen der geschilderten Epoche unter die Perspektive der vorausgegangenen Napoleonischen Zeit. Im folgenden zweiten Buch erscheint dagegen der Spanienfeldzug Ludwigs XVIII. als dynastisches Privatunternehmen mit durchsichtiger finanzieller Motivation. Die 1823 noch verbliebenen Soldaten der großen Armee Napoleons betreiben das in früheren Einsätzen geschulte Kriegshandwerk hier nur recht lustlos.

Die Zustände in Paris nach dem Sturz Napoleons schildert Hugo im dritten Buch des ersten Teils mit unverhohlenem Sarkasmus. Dem Jahr 1817 ist dort ein besonderes Kapitel gewidmet. Kaleidoskopartig zeigt es, wie sich hiner dem Zynismus von Reichtum und Macht Korruption und Mittelmäßigkeit verbergen. Das Volk von Paris vergleicht der Polizeipräfekt in seinem Bericht an den König mit einer zahmen Hauskatze. Hugo weist hier schon darauf hin, wie die Katze sich 1830 wieder in einen Löwen verwandelt.

Im Gegensatz zur Romanhandlung des ersten und zweiten Teils geben der dritte und vierte eine Bestandsaufnahme der Restaurationsepoche und eine Situationsschilderung der in Paris gärenden Unruhe vor der nächsten Revolution. Die exekutive Gewalt, die sich gegenüber Valjean und Fantine in unmenschlicher Härte gezeigt hatte, erscheint im Kampf gegen die Ganovenmafia mit größerer Berechtigung als Ordnungsmacht. Hugo zeigt aber die Armutskriminalität als Produkt von Verhältnissen, deren Ursache nicht in der Verantwortung der Opfer liegt. Die Bedeutung des Titels „Les Misérables" will der Autor im doppelten Sinne des Wortes erklärt sehen (Teil III, Buch 8, Kap. 5). Diese Menschen sind mitleiderregend, weil sie verkommen sind. Sie brauchen Hilfe, weil die Not sie in einen untermenschlichen Stand hat sinken lassen.

Handlungsträger im ersten und zweiten Teil ist Jean Valjean als Opfer der Verhältnisse, im dritten und vierten verkörpert Marius die Revolte gegen das System. Die Darstellung der Liebe enwickelt Hugo bewusst in Parallelität mit der

Revolution. Diese Struktur wird später Flaubert in der „Education sentimentale" wiederaufnehmen, jedoch als Antithese. Während sein Frédéric Moreau am Geschehen von 1848 völlig unbeteiligt erscheint, steht Marius durch seine republikanischen Freunde mitten im Kampf der Insurrektion von 1832. Liebe und Freiheit sind für Hugo Ideale, in denen die menschliche Seele die egoistische Bedürfnisnatur überschreitet und in Todesverachtung hinter sich lässt.
Die Liebe erscheint bei ihm wie nur je in romantischer Vergötterung, jedoch mit einer deutlichen biologischen sowie kosmologischen Nuance. Diese pantheistisch anmutende Konzeption verrät sich sprachlich im häufigen Gebrauch des Binoms vom Zusammenhang des unendlich Großen im Kosmos mit dem unendlich Kleinen im Atom. Auch wenn Hugo vom Walten Gottes in den historischen und sozialen Prozessen spricht, sieht man eher den Hegelschen Weltgeist am Werke. In der Person des Jean Valjean feiert sein Roman das Ideal der Selbstverleugnung und der tätigen Menschenliebe und ist darin der Nachfolge Christi ebenso nah wie der großen Revolution.
Bei Marius sieht man nicht mehr, ob die Erfahrungen des revolutionären Kampfes in einer politischen Haltung dauerhafte Einwirkung gezeitigt haben. Sein Engagement geschah eher aus idealistischer Solidarität mit den Freunden und innerer Anstoß dazu war der Liebeskummer. Durch Jean Valjean überlebt er als Einziger die anderen Republikaner und der Schluss des Romans sieht ihn nach einer biedermeierlichen Familienfeier am Beginn einer gutbürgerlichen Karriere als Jurist.

5. Die Personen

Der Bischof Myriel ist wie Franz von Assisi den Amtsträgern der Kirche eigentlich ein Ärgernis. Auch bringt er es eher zum Ansehen der Heiligkeit als zu offiziellen Ehren. Seine tätige Nächstenliebe ist denkbar weit von Theorie und Dogma entfernt. Höhepunkt seiner Selbstüberwindung und auch Selbstdarstellung ist die Szene, in der er vor dem sterbenden Mitglied des revolutionären Konvents von 1792 niederkniet und dessen Segen erbittet. Diese Umkehr der Rollen ist Ausdruck der Anerkennung, die er der Revolution zollt für ihren Idealismus in der Verwirklichung des irdischen Menschenglücks und auch der Vergebung für das dabei schicksalhaft verwirkte Unrecht.
Jean Valjean setzt das Werk des Bischofs, nachdem er durch diesen bekehrt ist, als sein Jünger fort. Die Parallelen zu Christus sind überdeutlich. Schon der Auf-

stieg vom Analphabeten zum Bürgermeister innerhalb von sieben Jahren grenzt an ein Wunder. Diese Laufbahn eröffnet sich ihm dadurch, dass er zwei Kindern das Leben rettet. Eine weitere Lebensrettung unter eigener Lebensgefahr bringt schließlich auch seine zähesten Gegner am Ort, den Fuhrunternehmer Fauchelevent, auf seine Seite. Der lange Gewissenskampf vor der Selbstanzeige, durch die er den Justizirrtum an seinem Doppelgänger verhindert, ist unverkennbar ein Gethsemaneerleben.

In das Dasein der Fantine tritt er, seit er sie aus der Haft befreit hat, wie ein überwirklicher Wundertäter. Um das der Sterbenden gegebene Versprechen einzulösen, kann er zweimal auf geheimnisvolle Weise aus dem Gefängnis entkommen. Als er die kleine Cosette aus dem Hause ihrer bösen Pflegeeltern holt, erscheint er ihr als der heilige Nikolaus. Dieses Christentum der tätigen Nächstenliebe war Hugo in der Theologie seines Freundes Lamennais begegnet. In der nachrevolutionären Epoche hatten vor allem die Saint-Simonisten mit der sozialistischen Utopie eine Verwirklung der urchristlichen Gemeinde versucht.

Daneben ist der Polizeichef Javert der Vertreter des formalen Rechts der etablierten Klasse bis zu einer unmenschlichen Gesetzestreue. Unnachsichtige Härte gegenüber den Schädlingen der Gesellschaft verbindet er mit einer totalen Autoritätshörigkeit. Dieser unbedingten Anerkennung der Norm unterwirft er allerdings auch die eigene Person. Als er sich irrtümlich einer Dienstpflichtverletzung für schuldig hält, erstattet er konsequenterweise Selbstanzeige. Am Schluss des Romans macht er durch das Vorbild Valjeans die Erfahrung, die ihn völlig aus der Bahn werfen soll. Er stellt fest, dass auch in seinem Herzen die menschliche Regung mächtiger sein kann als die Gesetzestreue. Damit ist seiner ganzen bisherigen Existenz der Boden entzogen. In einer Art Testament meldet er der Behörde einige ihm aufgefallene Unmenschlichkeiten im Strafvollzug und beendet ein Leben, das er in der bisherigen Konsequenz nicht weiterführen kann.

Das Leben der Fantine wird vom dritten Buch des ersten Teils ab zunächst getrennt von der Geschichte Valjeans erzählt. Sie erscheint wie herkunftslos als ein Mädchen aus dem Volke neben drei Arbeitskolleginnen und vier Studenten aus der bürgerlichen Oberschicht. Der Älteste, Tholomyès, wird ihre erste große Liebe, verlässt sie jedoch, als sie bereits schwanger ist. Sie muss ihre Tochter später in der Provinzstadt Montfermeil in Pension geben und nimmt in der Fabrik von M. Madeleine Arbeit auf. Ihre uneheliche Mutterschaft wird jedoch bald ausspioniert und die Vorsteherin entlässt sie ohne Wissen des Arbeitgebers Valjean.

Von hier an kann sich Fantine nur noch durch Gelegenheitsarbeiten am Rande der Armut erhalten und auch der Tochter nichts mehr zukommen lassen. Das endet schließlich in der Prostitution. Als sie eines Abends außer der Ausbeutung auch noch die herzlose Demütigung eines ihrer bürgerlichen Kunden ertragen muss, wehrt sie sich verzweifelt. Das ist der Anlass für den Polizeichef, sie ohne Klärung der Schuldfrage zu sechs Monaten Haft zu verurteilen. Er kann das Kraft seines Amtes und, weil für ihn der sozial Schwächere ohnehin als Verursacher von vornherein feststeht.

In dieser Situation tritt Valjean für sie wie ein rettender Engel auf. Sie bewahrt ihm für alles, was er dann noch für sie tut, eine überwirkliche Verehrung und Dankbarkeit. Die brutale Festnahme des entlarvten Bürgermeisters durch Javert in Gegenwart der Sterbenskranken bewirkt durch das Schockerlebnis ihren Tod.

Mit dem Beginn des dritten Teils des Werkes ist Jean Valjean nicht mehr der eigentliche Handlungsträger. An seine Stelle tritt Marius Pontmercier und seine studentischen Freunde aus dem revolutionären Club A.B.C.; außerdem auch das Volk von Paris, jedoch gibt Hugo die Führungsrolle eindeutig den intellektuellen Theoretikern. Sie sind Söhne der Mittelschicht, Idealisten von Charakter, mit offenem Sinn für die sozialistischen Programme der Politik, vor allem aber kompromisslose Antimonarchisten und gemäßigt bonapartistisch.

Marius hat als Liebhaber von Cosette alle Züge des Goetheschen Werther bis hin zur Selbstmordgefährdung aus Liebeskummer. Die Liebe ist Zentrum seiner Existenz. Berufliche Strebsamkeit bedeutet ihm nichts mehr, als ihm dieser Schwerpunkt genommen wird. Sein politisches Interesse ist eher mäßig und in den revolutionären Kampf stürzt er sich aus Verzweiflung. Extreme Sensibilität verbindet sich in seinem Charakter mit starkem Selbstgefühl und unbedingter Geradlinigkeit.

Cosette hat schon wegen ihres Alters keinen ausgeprägten Charakter. Nach schlimmer Kindheit scheinen fünf Jahre klösterlicher Erziehung auszureichen, um sie für das normale Frauenschicksal dieser Zeit zu versehen. Bis zu ihrer Begegnung mit Marius ist das sie beherrschende Gefühl die dankbare Anhänglichkeit an ihren Adoptivvater. Im Übrigen hat Hugo mit ihr das bewegende Porträt einer aufblühenden weiblichen Anmut gegeben. Als gereifte Frau könnte sie mit der früh verstorbenen Mutter des Marius Ähnlichkeiten haben.

Von seinem Vater erfährt der Leser fast nur die charakterlichen Vorzüge des Soldaten. Der weiße Terror der Restaurationszeit hat ihm die vom Kaiser zuerkannten Titel und Anrechte genommen und er führt in der Provinz eine Existenz der Selbstverleugnung. Wie zum Ersatz für die Bemühung um den eigenen Sohn widmet er sich der Aufzucht von Blumen. Auch scheint hier ein Kompensationsbedürfnis mitzuschwingen, das nach einer Lebenshälfte der kriegerischen Verwüstung Leben und Schönheit wenigsten im Kleinen wieder schaffen möchte. Dieses Bestreben teilt er mit dem Kleinbürger Mabeuf, seinem einzigen Freund,

bei dem das botanische Interesse allerdings eher wie eine Flucht aus der politischen Wirklichkeit erscheint.
Der beherrschende Charakter dieses Umkreises ist ohne Zweifel Luc-Esprit Gillenormand, der Großvater des Marius. Bei aller kritischen Distanz hat Hugo hier mit deutlicher Sympathie einen Vertreter des Großbürgertums der vorrevolutionären Epoche des 18. Jahrhunderts porträtiert. Er ist für immer fixiert durch die unbedingte Überzeugung von sich selbst und von den eigenen monarchistischen Prinzipien. Andersdenkenden gegenüber manifestiert sich dieses Wesen als bornierte Unduldsamkeit bis hin zur lächerlichen Groteske. Gegenüber dem sensiblen Enkel geht seine autoritäre Härte bis zur Selbstverleugnung; als er ihn aus dem Haus geschreckt hat, merkt er erst, wie sehr er ihn im Grunde liebte. Man kann von ihm sagen, dass er sich selbst immer treu bleibt, doch verdunkelt er dadurch in tragischer Art sein Lebensende. Den ersten Schritt zur Versöhnung mit Marius bringt er nicht über sich, weil er wie das Eingeständnis einer eigenen Schwäche aussehen könnte. Erst als Marius durch seine Verwundung wieder von ihm abhängig ist, bricht seine Verhärtung auf.
Zu diesem Restbestand aus dem Ancien Régime hat Hugo das negative Extrem in einer Porträtsammlung notorischer Köpfe aus der zeitgenössischen Unterwelt gestellt. Ihr gemeinsames Gattungsmerkmal ist die geschäftsmäßige Unberührtheit, mit der sie das Leben ihrer Opfer forträumen wie ein Verpackungsmaterial ihres Zugewinns. Sie werden immer wieder mit hässlichen und bösen Tieren verglichen. Ausführlicher charakterisiert wird allein Thénardier in seinem hasserfüllten Ressentiment gegen die Besitzenden und die Gesellschaft überhaupt. Sie gelten ihm alle gleich nichts und er würde sie auslöschen, sobald aus ihnen kein Gewinn mehr zu ziehen ist, gesetzt, er hätte die Macht dazu. Trotzdem lässt Hugo auch in diesem Porträt die tragische Seite ahnen, wenn er auf die Armut als Ursache extremer Verformung des Charakters hinweist.
Dass Kriminalität nicht notwendig in der Erbmasse dieser Menschen festgelegt sein muss, zeigt sich an zwei Kindern von Thénardier, deren Gestalt im vierten Teil des Werkes deutliche Form annehmen wird, es sind Eponine, die älteste Tochter, und der Sohn Gavroche.
Als Gegenstück zur behüteten Kindheit des Marius entwirft Hugo noch vor dessen Lebenslauf das Charakterbild des Pariser Gassenjungen, für den sein Name – Gavroche – symbolisch geworden ist. Ein echtes Pariser Kind ist vor allem durch drei Eigenschaften gekennzeichnet: Schlagfertigkeit, nie versagender Frohsinn und das Vermögen, sich in jedem Elend durchzuschlagen. Hugo singt aber das Hohelied dieses Menschentyps, weil er in ihm alle Eigenschaften des erwachsenen Bürgers von Paris angelegt sieht. Die Aufmüpfigkeit des Gavroche enthält im Kleinen bereits den immer wachen Geist und die Freiheitsliebe des Revolutionärs.

Die Insurrektion von 1832 scheitert, weil sie von ihren idealistischen Anführern spontan und schlecht vorbereitet unternommen wird. Die erhoffte Solidarität des Pariser Volkes blieb aus. Darin hat auch Sartre später das Scheitern der Bader-Meinhof-Gruppe in der Kulturrevolution von 1968 gesehen. Hugo will jedoch offensichtlich ein Zeichen für den unüberwindlichen Freiheitsdrang der Franzosen darin erkennen und die Vorbereitung späterer Siege der Revolution.

6. Historische Einordnung

Victor Hugo kommt ohne Zweifel das Verdienst zu, als Erster die soziale Problematik des 19. Jahrhunderts zum Gegenstand der Literatur gemacht zu haben. Indessen werden Handwerker und Arbeiter von ihm weder in ihrem Lebensumkreis noch in ihrer Arbeitswelt dargestellt, weil der Autor bereits eine Stufe tiefer die Ergebnisse der Verelendung anvisiert, vor allem im Verbrechermilieu. Hier steht der gute Wille des Programms an der Stelle des sozialen Realismus. Die Menschen, deren Unglück ihn eigentlich bewegt, erscheinen nur gelegentlich als impressionistische Farbtupfer im Gemälde der Vorrevolution.
Mit der Figur des Jean Valjean verfehlt Hugo ebenfalls die wirkliche Arbeitswelt, weil dieser wie ein Heiliger auf einer Stufe über den Menschen seiner Umgebung schwebt. Sein Beispiel besiegt schließlich auch den härtesten Widersacher Javert, aber doch mehr durch seine Vorbildfunktion, denn als wirklicher Mensch. Psychologisch glaubhaft ist allein seine verständliche Schwäche als eifersüchtiger Vater. Wenn es erst der Vorarbeit von Eugène Sue bedurfte, um für Hugos Roman das Milieu der armen Leute zu erschließen, so konnte nach ihm Emile Zola auch noch die romantische Perspektive und Stilmanier in der Darstellung der sozialen Wirklichkeit überwinden.

Madame Bovary (1856)
Gustave Flaubert

1. Leben und Werk

Gustave Flaubert (1821–1880) bringt in seiner Person und seinem Werk das Problem der romantischen Generation auf den Begriff und damit auch zu einer Lösung. Was man später als Bovarismus bezeichnet, ist ein gebrochenes Verhältnis zur Realität. Emma Bovary und Frédéric Moreau sind nach seinem eigenen Zeugnis Selbstdarstellungen des Autors. Auch er wächst auf in den melancholischen Träumen des René von Chateaubriand und identifiziert sich mit der Figur des Antony von Alexandre Dumas. Eine schwärmerische Jugendliebe zu der älteren Elisa Schlesinger bleibt fünfundreißig Jahre lang ein heilig gehütetes Geheimnis. Sein Kontakt mit der Wirklichkeit ist bei Aufnahme des Jurastudiums in Paris nur von kurzer Dauer, in seinen Romanen aber betreibt er eine zermürbende Dokumentation, um sie zu erfassen. Nach einer Nervenkrise zieht er sich in sein Landhaus zurück. Schmerzliche persönliche Verluste entwickeln bei ihm einen Pessimismus, der sich im Fortgang seines Lebens weiter verstärkt. Die Hingabe an sein Werk und die Arbeit an seinem Stil wurden für ihn zu einer Art Erlösungstherapie. Noch zu seinen Lebzeiten feierte die junge Generation der Naturalisten um Zola und Maupassant in ihm ihren großen Lehrmeister.

2. Inhaltswiedergabe

Emma Rouault kommt nach dem frühen Tode ihrer Mutter in die Klosterschule nach Rouen. Die Geheimnisse des Glaubens berühren das kindliche Gemüt, mehr aber noch die heimliche Lektüre romantischer Liebes- und Ritterromane. Jedenfalls tritt sie nicht in den Orden ein, sondern kehrt in das elterliche Haus zurück, wo sie die Buchhaltung der kleinen Landwirtschaft übernimmt.
Charles Bovary verliebt sich in sie, als er zur Behandlung eines Beinbruchs von Vater Rouault auf den Hof kommt. Er hat mit Schwierigkeiten ein mittleres

Medizinstudium hinter sich gebracht und versieht auf dem Lande die Charge eines Sanitätspraktikanten. Emma findet ihn nicht unsympathisch, sieht aber in der Eheschließung auch die Möglichkeit, dem Landleben zu entkommen, das sie langweilt.
In Tostes, einer Kleinstadt der Landschaft Caux, ist es jedoch nicht kurzweiliger. Bovary liebt seine junge Frau über alles und bewundert ihr Klavierspiel, hat aber für alles, was über den engen Umkreis seines beruflichen Alltags hinausgeht, weder Begabung noch Interesse. Emma ist vom Eheleben bald so enttäuscht, dass sie in eine nervöse Depression verfällt. Bovary glaubt, ein Ortswechsel könne heilsam sein und das Paar zieht nach Yonville, wo sich die Lebensverhältnisse für Emma jedoch nicht ändern.
Sie lernt den jungen Léon Dupuis kennen, mit dem sie gemeinsame literarische und künstlerische Interessen verbinden. Beide verlieben sich, ohne es einander zu gestehen, und Léon verlässt die Anwaltskanzlei von Yonville zum Studium in Paris. Emmas Depressivität entwickelt sich von neuem und immer bedrohlicher, als in der Sprechstunde ihres Mannes zur Behandlung eines seiner Bediensteten Rodolphe de la Huchette auftaucht. Als Frauenkenner schätzt er Emmas Verfassung richtig ein und nimmt sich vor, sie zu verführen. Emma lässt sich auch tatsächlich durch das Schauspiel seiner großen Leidenschaft blenden. Ihm kommt die Tatsache entgegen, dass sie seit ihrem ersten Ball in einem adeligen Hause von der Prachtentfaltung und dem Lebensstil dieser Klasse fasziniert ist. Um Emma aufzumuntern, kauft ihr Bovary gutgläubig ein Pferd für Spazierritte in der Gegend und das Paar hat dadurch Vorwand und Gelegenheit zu häufigen Rendezvous. Emma merkt jedoch bald, dass Rodolphe nicht die große Liebe ist. Seine Interessen gehen kaum über die Jagd und die Gutsverwaltung hinaus und die Leidenschaft des Anfangs ist nach einiger Zeit verflacht zu einer Gewöhnung, die sich kaum noch von der ehelichen Liebe unterscheidet. Emma wendet sich reuig wieder Charles zu. Gerade jetzt hat sie zum erstenmal Anlass, ihn als Person wirklich zu schätzen. Er wagt sich an eine Klumpfußoperation nach einer neuen Technik, die ihn bekannt, ja berühmt machen kann. Emma sieht ihn schon in Paris praktizieren. Das Unternehmen misslingt aber skandalös und sie wirft sich enttäuscht, ja wütend, noch einmal Rodolphe in die Arme. Nachdem die Extreme der Sexualität durchgespielt sind, erscheint ihr Leben öder denn je. Sie sieht eine Lösung in der gemeinsamen Flucht nach Italien. Rodolphe denkt nicht daran, seine Position und seinen Ruf zu kompromittieren und lässt sich entschuldigen. Emma stürzt in die vierte und diesmal lebensbedrohende Krise.
Nach langer Rekonvaleszenz führt Charles sie zur Aufheiterung in eine Theateraufführung von Donizettis *Lucia di Lammermoor* nach Rouen. Noch aufgewühlt

von der Darstellung ihres eigenen Schicksals trifft sie dort Léon wieder, der sein Jurastudium in Paris abgeschlossen hat. Diesmal sind sie beide nicht mehr schüchtern und wollen nachholen, was sie durch allzu große Skrupel seinerzeit versäumten. Regelmäßige Klavierstunden für Emma liefern den Vorwand und es beginnt für beide ein Liebesfrühling, der ihr endlich die immer ersehnte Erfüllung gibt. Sie investiert bedenkenlos ihre ganze Person und auch alle ihre Mittel in diese Beziehung, sammelt bei ihrem Kommissionär immer bedrohlichere Schulden an. Dieser tut durch betrügerische Manipulationen ein Übriges, um Emma an den Rand des Ruins zu treiben.

Léon werden Emmas Überspanntheiten unheimlich und bald auch unangenehm. Sein jugendlicher Stolz auf die standesgemäße Mätresse mischt sich mit Bedenken um seine Stellung und Karriere. Emma bemerkt seine Lauheit und, als er ein Rendezvous versäumt, will sie zornig mit ihm brechen. Andere Missklänge kommen hinzu: anoyme Denunziation bei Léons Eltern und eine mit Mühe vertuschte Entdeckung durch Charles. Die Katastrophe wird schließlich ausgelöst, als der Geschäftsmann, in dessen Hände sich Emma inzwischen völlig gespielt hat, zum letzten Schlag ausholt und sie erpresserisch mit der Pfändung ihres Hauses bedroht.

Sie sucht verzweifelt finanzielle Hilfe bei Léon, dem Rechtsanwalt Guillaumin und Binet, einem Bekannten am Ort, geht bis an den Rand der Würdelosigkeit. Am Ende tut sie noch den Gang zu Rodolphe und beschwört ihn bei ihrer Liebe von früher. Als auch dieser sie enttäuscht, nimmt sie Gift. Charles war wirklich bis zum Schluss gutgläubig und ahnungslos und stürzt aus allen Wolken. Bei Emmas Beerdigung sieht man ihn in völliger Selbstauflösung. Der schlimmste Schlag trifft ihn jedoch, als er später im verlassenen Haus die Liebesbriefe von Rodolphe und Léon findet. Er verfällt in eine Art Schwachsinn und wird eines Tages auf der Bank tot gefunden, auf der Emma ihn mit Rodolphe verraten hatte.

Strukturplan

Kapitel	Arbeitstitel	Schwerpunkte, Besonderheiten	Seite *
Teil I		Entwicklung des Charles Bovary	
I	1 casquette 2 père 3 mère	enfance	3–5 5, 6 6, 7
	4 collège 5 médecine	formation	8, 9 9–11
	6 femme	mariage	11

II	1 les Bertaux 2 Emma 3 Minerve 4 Héloïse	Emmas Umwelt Tod der ersten Frau Bovarys	12, 13 14 15–17 18–19
III	1 M. Rouault 2 Emma 3 la demande	Bovarys Werbung	19, 20 20–22 22–24
IV	1 les habits 2 le ménétrier 3 Amour 4 la serrure 5 Vassonville	Emmas Hochzeit	24, 25 26 27 28 29
V	1 la maison 2 le bonheur	Emmas Enttäuschung	30 31, 32
VI	1 Chateaubriand 2 keepsakes 3 vocation	Emmas Schulzeit	33, 34 34–36 37
VII	1 voyage 2 gravures 3 la belle-mère 4 la levrette 5 Vaubyessard	Emmas erste Krise	38 39 40,41 41 43
VIII	1 le billard 2 la Marquise 3 le bal 4 le cotillon 5 l'orangerie 6 le jardinet	Emmas erster Ball	44 45, 46 46–48 49, 50 50, 51 51–53
IX	1 Paris 2 Charles 3 la valse 4 la maladie nerveuse	Emmas zweite Krise	53–56 56–58 58–61 62–64
Teil II I	 1 Yonville 2 Homais	 Emmas neues Heim	 63–68 69–74
II	Leon	Emmas neuer Freund	74–80
III	1 le baptême 2 la nourrice	Emmas Niederkunft	80–85 85–90
IV	Homais	Abendgesellschaft	90–94

V	1 la filature 2 Lheureux 3 la tourmente	 Emmas Frustation	94–96 96–98 98–102
VI	1 l'Angélus 2 Berthe 3 Léon	 Abschied von Léon	102–107 107–109 109–114
VII	1 crachement 2 Rodolphe	Emmas dritte Krise	115–118 118–123
VIII	1 Lefrançois 2 Rodolphe 3 la salle 4 Niçaise 5 le feu d'artifice	 Die Landwirtschaftsmesse und Rodolphes Werbung	123–126 126–132 132–140 140–141 141–144
IX	1 amazone 2 colibris 3 puberté	 Emmas Ehebruch	144–147 147–151 151–154
X	1 Binet 2 pistolets 3 repentir	 Emmas Reue	154–157 157–159 159–162
XI	1 le pied bot 2 l'amputation	Emmas neue Hoffnung	162–167 167–174
XII	1 la cravache 2 la belle-mère 3 Italie	 Emmas Fluchtpläne	174–177 177–181 181–187
XIII	1 lettre 2 abricots	Rodolphes Absage	187–190 190–196
XIV	1 le reliquaire 2 Lucia de Lammermoore	Emmas vierte Krise Wiedersehen mit Léon	196–202 202–206
Teil III			
I	1 Léon 2 cathédrale 3 fiacre	 Emmas zweiter Ehebruch	215–222 222–227 227–228
II	1 arsénic 2 Bovary père 3 la procuration	 Intrige des Lheureux	229–232 232–235 235–237
III	lune de miel	Emmas Liebesfrühling	238–240
IV	leçons de piano	Emmas Vorwand	240–242

V	1 Rouen 2 Cupidon 3 L'Hirondelle 4 Mlle L'Empereur 5 la procuation	Das Liebesnest in Rouen	243–245 245–247 247–249 249–252 252–258
VI	1 Homais et le rendez-vous 2 l'idole 3 Lheureux	Die Erpressung	258–262 262–271 271–274
VII	1 Léon 2 l'aveugle Guillaumin, Binet	Emmas letzte Bemühungen um Geld	274–277 277–279 279–286
VIII	1 Rodolphe 2 Justin 3 la lettre 4 Larivière 5 Bornissien	Emmas Selbstmord	286–291 291–292 292–297 297–300 300–303
IX	1 Charles 2 Homais/Bournissien	Die Totenwache	303–305 305–310
X	1 Rouault père 2 l'enterrement	Bovarys Verzweiflung	310–312 312–316
XI	1 Félicité 2 Léon 3 Rodolphe 4 Berthe 5 l'aveugle 6 Homais 7 les lettres 8 le banc	Charles findet Rodolphes Brief Charles entdeckt Emmas Verrat	316–317 317 317, 318 318 318–320 320–322 322 – 323 323–324

* Seitenzahl nach der Ausgabe, Flaubert, Madame Bovary, Paris, (Garnier), 1961

3. Aufbau

Flauberts Roman hat drei Teile. Der erste (Kapitel I–IX) spielt in Tostes und umfasst die vier ersten Ehejahre der Bovarys. Der zweite spielt in Yonville (Kapitel I–XIV) und zeigt die erste Bekanntschaft Emmas mit Léon sowie ihren ersten Ehebruch mit Rodolphe de la Huchette. Im dritten Teil wohnen die Bovarys weiter im Hause Homais in Yonville (Kapitel I–II), Emmas Liebesgeschichte mit Léon hat jedoch ihren Schwerpunkt in Rouen.

4. Kernaussage des Werks

Gegenstand des Buches ist die Liebe als verzweifelter Ausbruchsversuch aus einer versachlichten Wirklichkeit, an der die ästhetische Subjektivität leidet. Religion, Natur, Kunst und Familienleben erweisen sich als Möglichkeiten der Evasion ungenügend. Die Problematik ist tragisch, denn es ist weder ersichtlich, wie Emma ihren Charakter ändern könnte noch wie die Wirklichkeit, in die der Autor sie stellt, zu verändern wäre. Die Psychologie der Emma Bovary ist überzeugend beschrieben. Es bleibt die Frage, ob auch die Welt, die sie umgibt, zureichend realistisch dargestellt ist, oder ob die Perspektive des Autors sich durch Voreingenommenheit für seine Protagonistin verdüstert hat.

5. Die Personen

Emma Bovary ist die berühmteste Ehebrecherin der Literatur. Sie endet im Selbstmord, weil sie ohne jeden Sinn für die Realität das Vermögen der Familie mit ihrem Geliebten durchbringt. Durch die Tat entzieht sie sich der Verantwortung für das verschwendete Geld und die eheliche Untreue. Sie sieht wohl auch voraus, dass ihr Mann an der vollen Wahrheit zerbrechen muss. Das zeigt in der Tat der Schluss des Romans. Charles Bovary liebt seine Frau aufrichtig. Sie könnte ihm keinen Vorwurf machen, denn das persönliche Ungenügen seiner gänzlichen Mittelmäßigkeit ist nicht schuldhaft.

Die Ursache ihres Unglücks liegt vielmehr in ihr selbst, in ihrem Temperament oder Naturell. Sie empfindet stark und braucht große Gefühle. Sie sucht das Außerordentliche in einer Welt von materialistischen Spießern. Ihr Problem lässt sich am ehesten durch das Phänomen der jugendlichen Schwärmerei für ein Idol verstehen. Wie das Wunschdenken von Pubertierenden das einmal gewählte Idol mit allen erdenklichen Vorzügen ausstattet, so macht es Emma mit ihren Geliebten Rodolphe und Léon. Vor ihrem Ehebruch fühlt sie sich geradezu wie in einer zweiten Pubertät (Kapitel II, 9). Beide werden von ihr auch Idole genannt (Kapitel II, 12; III, 6). In der Perspektive des Autors sind sie lediglich Spießer (Kapitel II, 10; III, 6), aber auch stärkere Charaktere würden dem Höchstanspruch Emmas an die geliebte Person nicht nachkommen können. Der Rausch der Verliebtheit führt beide Male in die Desillusion. Die Extase der Seele, die ihr der Ehebruch verwirklicht, endet jeweils in der Monotonie der sexuellen Gewöhnung. Beide Partner haben nichts, was nach der sinnlichen Attraktion des Anfangs eine dauerhafte Liebe aufgrund von in ihnen erkannten Vorzügen ermöglichte.

Rodolphe ist ein ländlicher Junker und mittelmäßiger Casanova, der Emma lediglich in die Sammlung seiner bisherigen Eroberungen einreihen will. Er spielt ihr die Rolle des schmachtenden Liebhabers vor, deren Klischees durch die romantische Literatur bis in den Beispielschatz seiner hausbackenen Bildung gelangt sind. Wie verzaubert spielt Emma das Spiel mit; als sie jedoch mit einer romantischen Flucht aus den bisherigen Lebensverhältnissen Ernst machen will, steigt Rodolphe aus. Er bewundert in Emmas Person den Ausnahmecharakter, aber alle Faszination kann ihn zu dieser Extravaganz nicht bewegen.

Léon, Emmas zweiter Geliebter, ist ein strebsamer junger Jurist. Ihre erste Begegnung wird möglich auf der Basis gemeinsamer literarischer Interessen und ästhetischer Erfahrungen. Seine schüchternde Zuneigung unterscheidet sich zunächst angenehm von Rodolphes korrupter Sinnlichkeit; während seines Studiums in Paris lernt er jedoch hinzu und noch einmal lässt sich Emma täuschen vom Vokabular und dem Gebaren der Empfindsamkeit. Seine Schüchternheit enthüllt sich Emma schon bald als Charakterschwäche. Auch er denkt nicht daran, Karriere und gutbürgerliche Existenz für eine Extravaganz aufs Spiel zu setzen.

Das Glück kann für einen Charakter von Emmas Art nur in der ständigen Bewegung, um nicht zu sagen, Hochspannung der Seele bestehen. Der Alltag des Familienlebens, versetzt sie jeweils in eine depressive Leere, die sie mit Klavierspiel und Kunsthandwerk nur ungenügend ausfüllt. Von ihrem Kind wendet sie sich enttäuscht ab, als sie hört, dass es nur eine Tochter ist. Dann aber stehen

auch die Mittel nicht zur Verfügung für die besondere Wiege und prächtige Babyausstattung, die sie sich ausgedacht hatte. Luxus hat für Emma eine besondere Faszination, weil sie nicht unterscheidet zwischen sinnlicher Wahrnehmung und seelischer Empfindung. Äußere Prachtentfaltung, wo immer sie ihr entgegentritt, bekommt daher in ihrer Seele unmittelbar das Prestige des Außerordentlichen und Überwirklichen.
Emmas Weg der Desillusionierung hat zwei charakteristische Vorstufen. Ihr Ungenügen an der Wirklichkeit scheint auf der Klosterschule zunächst Erlösung zu finden im Mystizismus der Religion. Für Emma hat die körperlose Spiritualität aber schon bald einen Mangel auf der Seite der sinnlichen Substanz. Durch heimliche Lektüre billiger Liebesromane englischer Herkunft versucht sie, dem abzuhelfen, doch merkt sie selbst wie auch ihre Lehrerinnen, dass sie nicht die Berufung zu einem geistlichen Leben hat.
Sie kehrt in das Vaterhaus zurück, führt nach dem Tode der Mutter dessen Buchhaltung selbstständig, spielt Klavier und verfertigt Zeichnungen. Die umgebende Natur des Landlebens wird für sie kein Gegenstand schwärmerischer Begeisterung, eben weil diese für sie eine alltägliche Wirklichkeit hat. Das Glück ist ja für Emma immer da, wo sie nicht ist. Durch die Ehe eröffnet sich ihr eine Möglichkeit der Evasion, die sie aber ebenfalls enttäuschen soll.
Das liegt nicht etwa daran, dass sie durch die Eltern zu einer konventionellen Ehe gezwungen würde. Ihr Vater lässt ihr vielmehr die Freiheit zu prüfen, ob sie Charles Bovary auch mag. Diese Freiheit ist indessen nur subjektiv. Emma hat insofern nicht die Wahl, weil auf dem Lande außer Bovary keine andere Wahlmöglichkeit sich zeigt. So nimmt sie den Ersten, der zu ihrem Unglück nicht der Beste ist, und bald nach der Eheschließung greift in ihr die Enttäuschung um sich. Die eheliche Liebe ist nicht das erwartete Ereignis, das ihr endlich die geheimnisvolle Welt der Erotik erschließt oder gar eine grundsätzliche Wandlung ihres ganzen Wesens herbeiführen kann. Charles Bovary hat keine Eigenschaft, die ihn aus anderen Gründen liebenswert machte. Durch ihre Frustation wird im Gegenteil auch die verzeihlichste Unvollkommenheit an ihm zum Ärgernis.
Emmas eigentlicher geistiger Gegenpart ist, obwohl äußerlich ein Freund der Familie, der Apotheker Homais. Flaubert zeichnet in ihm das Zerrbild eines Voltairianers, der in seiner Person die bürgerliche Gesellschaft der Restaurationszeit symbolisch zusammenfasst. Der Atheismus der großen Revolution, der endlich den freien Menschen an die Stelle aller Projektionen der Gottheit setzen wollte, ist bei ihm zu einem primitiven Materialismus verkommen. Für jedes seelische oder menschliche Phänomen hat er eine physiologische Erklärung oder

doch einen einschlägigen simplizistischen Kommentar. Seine ideologischen Scharmützel mit dem Pfarrer des Ortes sind von quälender Seichtheit, aber auch im täglichen Leben entnervt er seine Umgebung mit kleinkarierter Besserwisserei. Durch groteske Manipulationen der Presse schafft es sein unbändiges Geltungsbedüfnis schließich, in die Ehrenlegion aufgenommen zu werden. Am Ende des Romans steht bezeichnenderweise nicht der Tod Emmas und auch nicht der von Charles Bovary, sondern der Sieg dieser Klasse von Menschen.
Ihr beherrschender Antriebsimpuls ist die ungehemmte Profitgier. Homais hat seine ganze Familie in den Dienst der häuslichen Fabrikation von Pülverchen und Mixturen gestellt. Hierin entwickelt er eine atemberaubende Erfindungsgabe. Noch raffinierter ist nur der Handelsmann Lheureux, der Emma durch Betrug und Erpressung in den Ruin und den Tod treibt. Auch das übrige Personal des Romans zeigt sich ausschließlich vom schäbigsten Gewinnstreben beherrscht, wenn es nicht wie die bäuerlichen und adeligen Grundbesitzer lediglich die geizige Bewahrung des Besitzstandes zum Lebensinhalt gemacht hat.
Die Personen von Flauberts Buch sind also eigentlich auch die Menschen dieser Provinz Normandie, die mit ihrer Sprache und ihrem Lokalcharakter hier literaturfähig werden.

6. Historische Einordnung

Flauberts Werk gibt der europäischen Literatur den ersten Roman über die Emanzipation der Frau. Emma Bovary ist Opfer ihrer Verhältnisse. Eine junge Frau, die sich heute in der Wahl ihres Partners irrt, könnte sich aus der Verbindung lösen. Freilich hätte sie dann auch einen Beruf erlernt, der sie nach der Scheidung unabhängig macht. Diese Unfreiheit beklagt Emma immer wieder. Darum wünscht sie sich auch unbedingt, dass ihr Kind ein Sohn sein soll.
Mit Flauberts Buch ist jedenfalls die Reihe von Romanen über Frauenschicksale eingeleitet, die über Maupassant *(Une Vie),* Colette *(Claudine),* Aragon *(Les Cloches de Bâle)* zu Simone de Beauvoir führt *(Mémoires d'une jeune fille rangée).* Auch die Heldin des katholischen Autors Mauriac vergiftet nicht mehr sich selbst, sondern ihren Mann *(Thérèse Desqueyroux).* Mit dem Werk *Le deuxième sexe* von Simone de Beauvoir beginnt nach dem zweiten Weltkrieg auch die soziologische Aufarbeitung der Problematik, die in unseren Tagen von Régine Pernoud historisch fundiert wird (*La femme au temps des Croisades* u. a.).

Germinal (1855)
Emile Zola

1. Leben und Werk

Emile Zola (1840–1902) ist ebenso wie durch seine Romane durch sein politisches Engagement in der Dreyfus-Krise berühmt geworden. Die Armee hatte in einem Spionageskandal einen Sündenbock gebraucht und mit dem chauvinistischen Teil des Bürgertums im Rücken den jüdischen Hauptmann Dreyfus zu Unrecht verurteilt. 1898 schreibt Zola dagegen seinen Artikel *J'accuse* und Dreyfus kann nach langen Verwicklungen rehabilitiert werden.
Mit dem Proletariat als dem neuen Protagonisten seiner Werke ist endlich auch die Sprache des Volkes in der Literatur zu hören. Die Konzeption zu seinem Romanzyklus der Rougon-Macquart ist ihm vermutlich unter dem Eindruck der blutigen Repression der Kommune 1871 aufgegangen. Er wollte darin die „Natur- und Sozialgeschichte einer Familie während des zweiten Kaiserreiches" schreiben.
Zolas soziales Engagement hat aber auch eine wissenschaftliche Wurzel. Von dem Biologen Claude Bernard übernimmt er die experimentelle Methode der Naturwissenschaften. Sein *Roman expérimental* soll zeigen, wie der physiologisch konstituierte Mensch nach Maßangabe seiner Erbmasse in einem bestimmten Milieu auf Begegnungen und Umstände notwendig reagieren muss. Das nennt man nach dem Philosophen Taine auch Determinismus.
Glücklicherweise ist der Künstler in Zola stärker als der Theoretiker. Seine dichterische Vorstellungskraft erinnert an seinen großen Vorläufer Victor Hugo in *Les Misérables*. Seine Sprache ist eher suggestiv als deskriptiv und dazu hat er einen unvergleichlichen Blick für die symbolische Bedeutung von bestimmten Gegenständen, Personen und Situationen. Unbestrittene Meisterschaft erreicht sein Stil in der Darstellung von Menschenmassen und Massen in Bewegung. Auch verdanken wir ihm eine erste Psychologie von Kollektiven wie auch von Individuen der Arbeiterklasse.

2. Inhaltswiedergabe

Etienne Lantier hat seine Stellung als Maschinist bei der Eisenbahn in Lille verloren und neue Arbeit im Bergwerk von Montsou gefunden. Seine politische Laufbahn ist von Anbeginn verbunden mit der persönlichen Beziehung zu Catherine Maheu, die, fast noch ein Kind, für ihn zunächst die größte Hilfe bei der ungewohnten Beschäftigung wird (Kapitel I, 3–5). Die Sympathie ist beiderseits, jedoch wird das kaum begonnene Verhältnis zerstört durch den brutalen Chaval, der die Minderjährige fast vor den Augen Lantiers vergewaltigt (Kapitel II, 5).

Im Laufe des Jahres wird Lantier Zeuge der Armut in den Familien und der Pressionen der Bergwerksgesellschaft, die die Verluste einer Wirtschaftskrise auf die Löhne der Arbeiter niederschlägt (Kapitel III, 1–3). Er hat sich im Selbststudium in die ökonomische und soziale Problematik eingearbeitet, empfindet aber schmerzliche Schwachpunkte in seinem Bildungsstand (Kapitel III, 3). Trotzdem gelingt es ihm, einen Streik zu organisieren (Kapitel III, 4, 5). Da die Zechenleitung nicht einlenkt (Kapitel IV, 2), wird die Not im Ort immer bedrängender (Kapitel IV, 4, 5). Als auch noch auf der Nachbargrube Streik-brecher auftreten, beschließt die Vollversammlung den Kampf (Kapitel IV, 7).

Die letzten drei Teile des Romans (Kapitel V–VII) zeigen, wie die Massenbewegung unkontrollierbar wird und schließlich ganz aus dem Ruder läuft. Etienne will zunächst nur den Besitzer der Grube Jean Bart bewegen, die Streikbrecher nicht zuzulassen, kann aber nicht verhindern, dass die aufgebrachten Kollegen die Maschinen zerschlagen (Kapitel V, 3). Im nächsten Kapitel ist die entfesselte Menge schon im Rausch der Zerstörung auf dem Zug durch alle Gruben der Umgebung (Kapitel V, 5). Grausiger Höhepunkt ist die Kastration des erpresserischen Lebensmittelhändlers Maigrat durch die in Hysterie nur noch chaotisch reagierenden Frauen (Kapitel V, 6).

Vor der Polizei läuft die Menge schließlich auseinander, Lantier kann sich in einem verlassenen Stollen verstecken (VI, 1). Über den Ort wird der Ausnahmezustand verhängt und in der Friedhofsruhe nimmt das Elend extremste Formen an (VI, 2). Entsprechend nimmt die Gewalttätigkeit und die Kriminalität zu (VI, 4). Auch zwischen Etienne und Chaval kommt es zu einer Auseinandersetzung auf Leben und Tod (VI, 5). Trotzdem raffen sich die Arbeiter zu einer zweiten Revolte auf, als von der Bergwerksdirektion Streikbrecher aus den benachbarten belgischen Gruben antransportiert werden (VI, 5). Steinwürfe trei-ben die kleine Schutztruppe so in die Enge, dass diese schließlich in die Menge feuert. Fünfzehn Tote und fünfundzwanzig Verletzte bleiben auf dem Pflaster.

Im letzten Teil des Romans wird endlich auch die kaiserliche Regierung auf die Unruhe im Norden aufmerksam. Da man hier die Ausweitung auf nationaler oder gar internationaler Ebene fürchtet, wird die Zechenleitung angehalten, die Sache herunterzuspielen. Die bürgerliche Schicht der Gegend kann sich in Sicherheit wiegen, so gut sie es vermag (VII, 1). Für Etienne ist die bitterste Enttäuschung das Umschlagen der Volksmeinung. Auf ihn wird mit den gleichen Ziegeln geworfen, die vorher die Soldaten getroffen hatten.
Unbeugsame Größe zeigt jetzt allein eine Frau, La Maheude, die Mutter Catherines; sonst hält nur der gemäßigte Sozialist Rasseneur noch zu Etienne. Die Schlusskatastrophe wird dann durch den Anarchisten Suwarin eingeleitet. Er hält dafür, dass die Bourgeoisie nur durch gewaltsame terroristische Aktion beseitigt werden kann. Die durch die lange Streikzeit ohnehin desolate Armierung der Grube bekommt durch ihn einen letzten Stoß und die ganze Anlage versinkt in einem riesigen Wasserloch (VII, 3).
In der überfluteten Grube spielt sich zwischen Etienne, Chaval und Catherine der letzte Akt des persönlichen Dramas ab (VII, 5). Etienne wird als Einziger gerettet. Er geht nach Paris, um sich der Gewerkschaftsbewegung anzuschließen. Nach seiner einjährigen Lehrzeit in Montsou ist es wieder Frühling geworden. Zola überhöht ihn symbolisch als einen künftigen Menschheitsfrühling, in dem die in der Tiefe eingeschlossenen Massen ihr Gefängnis aufbrechen und endlich das Licht einer neuen Gesellschaftsordnung erblicken (VII, 6).

3. Aufbau

Zola hat seinem Roman sieben Teile zu jeweils 5 bis 6 Kapiteln gegeben. Höhepunkt ist im vierten die Vollversammlung der dreitausend Bergarbeiter auf dem Plan-des-Dames. Diese Versammlung ist auch der Höhepunkt in der persönlichen Entwicklung des Protagonisten Etienne Lantier, der sich mit einer flammenden Rede zum allerseits anerkannten Anführer der Revolte macht (Teil IV, Kapitel 7). Eine vorausgegangene Versammlung der kommunistischen Internationale war von der Polizei gesprengt worden (Kapitel IV, 4). Die drei davor liegenden Teile des Romans zeigen die Entwicklung, die dahin führte.

Kap.	Arbeitstitel	Schwerpunkte	Zeitangaben
Teil I			
1	Bonnemort		Winter um 1860
2	Catherine		
3	Maheu	la fosse	
4	Chaval		
5	Trompete		
6	„A l'Avantage“		
Teil II			
1	Grégoire		
2	La Maheude	le coron	
3	Pierronne		
4	le bain		
5	Chaval	le viol	
Teil III			
1	Souvarine		printemps
2	la ducasse		juillet
3	„L'Hygiène du Mineur“	la théorie socialiste	août – octobre
4	la grève		
5	l'éboulement		
Teil IV			
1	Mme Hennebeau	la grève	1r décembre
2	M. Hennebeau		
3	Pluchart	Catherine	
4	L'Internationale		
5	La Mouquette		2e quinzaine de grève
6	Jeanlin	Catherine	
7	Le Plan-des Dames		

Teil V			
1	Deneulin	la révolte	décembre
2	Catherine/Chaval		
3	Etienne/Deneulin		
4	la pompe	Catherine	
5	La Marseillaise		
6	Maigrat	Catherine	
Teil VI			
1	Réquillart	la suppression	trois mois de grève
2	l'abbé/le docteur		
3	Chaval/Etienne	Catherine	
4	Soldat	Catherine	
5	fusillade	Mouquette	
Teil VII			
1	l'Empire		début février
2	Souvarine	l'anarchisme	
3	l'inondation		
4	Négrel		
5	Chaval		
6	Germinal	la Maheude	avril

4. Kernaussage des Werks

Dem genaueren Blick zeigt sich, dass bei aller Sachkenntnis Zolas eigentliches Interesse nicht dem Arbeitskampf gilt, sondern dem Wesen der Menschen. Die Personen in dieser Tragödie sind durch Armut, Hunger und Erschöpfung in eine animalische Existenz gedrängt; es geht dem Autor um ihre Befreiung zu einem menschlichen Dasein. Die Liebesgeschichte von Lantier und Catherine ist in die Darstellung des sozialen Kampfes daher nicht nur als anekdotisches oder kulinarisches Nebenmotiv verwoben. In der Person des Mädchens lässt Zola das Antlitz des Menschen aufleuchten, der gerade nicht auf die bloße Tiernatur reduziert ist.

Catherine wird von Chaval noch in der Pubertät vergewaltigt und bewahrt für diesen, obwohl sie eigentlich schon Etienne liebt, ein Zugehörigkeitsgefühl wie etwa das Tierweibchen für den stärkeren Partner. In der scheuen Liebe zu Lantier aber befreit sich aus dem Gattungswesen das menschliche Individuum. Um endgültig von dem tierischen Chaval loszukommen, muss Lantier diesen erst totschlagen. Das geschieht, als die drei durch das Grubenunglück auf engstem

Raum eingeschlossen sind und Chaval das Mädchen vor den Augen Lantiers ein letztes schreckliches Mal vergewaltigen will. Selbst dann noch werden sie weiter von ihm verfolgt, denn in einer Horrorszene spült das in der Grube ansteigende Wasser seine Leiche immer wieder heran. Der Augenblick, in dem Catherine in den Armen Lantiers endlich zur Frau wird, ist zwar schon ihre Todesstunde aber auch ihre Erlösung.

5. Die Personen

Etienne Lantier ist der Typ des intelligenten Arbeitersohnes, der aber nur mühsam den Bildungsrückstand aufholen kann, um Führungsrollen zu übernehmen, zu denen ihn sein Rechtsempfinden drängt. Sein einziger Makel ist erblich und mitbestimmend für sein Scheitern: Die Kontrolle seiner Kollegen entgleitet ihm, weil er selbst unter dem Einfluss von Alkohol ein animalisches Rachebedürfnis nicht mehr bändigen kann (V, 4). Zola sieht diesen Defekt in seiner Erbmasse angelegt, durch die Alkoholabhängigkeit einer ganzen Reihe seiner Vorfahren. Dass er ihn in nüchternem Zustand beherrscht, zeigt sein Zweikampf mit Chaval (VI, 3).
Catherine Maheu ist, obwohl noch ein Kind, beruflich schon tüchtig. Sexuelle Gewalt erträgt sie wie das normale Schicksal ihres Geschlechts und ihres Standes. Nur so ist die unterwürfige Hundetreue verständlich, die sie dem Macho Chaval trotz ständiger Misshandlungen und wider alle Vernunft bewahrt. Etienne gegenüber zeigt sie eine Scheu, in der sich Scham und Trauer mischen.
Bei einer Gelegenheit jedoch wächst sie in ihrem personalen Format über Etienne hinaus. Als auch ihn die Tiernatur fast von sich selbst entfremdet hätte, bringt sie ihn durch ernüchternde Ohrfeigen wieder zu sich (V, 4).
Etiennes treueste Mitstreiter sind der rechtschaffene, aber einfache Maheu und seine Frau, die Maheude genannt. Sie ist eine bewegende und fast ins Mythische wachsende Verkörperung des biologischen Muttersein. Sie vermag es aber auch als Einzige, ihre Situation in größeren Zusammenhängen zu reflektieren, und das in der Erschöpfung des zermürbenden Alltags sowohl als auch in den Zerreißproben des Unglücks. Sie wird am Ende des Buches als Vertreterin Lantiers die Stellung halten, die er zur Fortsetzung des Kampfes verlassen muss (VII, 6).
Die anderen Vertreter der Arbeiterklasse erscheinen zumeist vom Elend ihrer Lebensbedingungen korrumpiert, zumal die Frauen in der Siedlung (II, 3; VI, 2) und die Kinder (IV, 6; VI, 4). Solidarisch mit Lantier, wenn auch mit ideologi-

scher Differenz sind drei Vertreter der Arbeiterbewegung: Pluchart, Rasseneur und Suwarin. Pluchart, als Vertreter der Kommunistischen Internationale wird von Zola auf einer Gründungsversammlung nicht ohne ironische Distanz vorgestellt (IV, 4). Auch Rasseneur, Schankwirt und ehemaliger Bergmann, erscheint nicht frei von persönlichem Egoismus und Geltungsbedürfnis. Er vertritt einen evolutionären Sozialismus und ist von Anfang an gegen die Revolte.

Suwarin dagegen ist konsequenter Anarchist, sein Idol Bakunin. Eine Zukunft für die Arbeiterklasse sieht er nur nach vorheriger terroristischer Vernichtung der Bourgeoisie. Jede persönliche Bindung an Freund oder Frau verbietet ihm ein revolutionärer Asketismus als Schwäche. Konsequenterweise lässt er Lantier und Catherine ohne Vorwarnung in die Grube einfahren, deren Katastrophe er bereits eingeleitet hat (VI, 2).

Die Vertreter der Gegenpartei sind rar, weil die Bergwerksgesellschaft wie ein böser Götze in anonymer Entfernung hockt und am Ort nur durch ihre Werkzeuge Polizei und Militär eingreift. Der Grubendirektor Hennebeau ist für die Arbeiter kein kompetenter Verhandlungspartner, als bloßer Befehlsempfänger eher ein Opfer seiner Funktion wie seiner Familienverhältnisse (IV, 1, 2). Die Volkswut kann sich nur an dem erpresserischen Lebensmittelhändler auslassen (V, 6) und zerstört frustriert die eigenen Arbeitsmittel. Deneulin, der einzige noch existierende private Grubenbesitzer, zeigt persönlichen Mut und bleibt selbst unangetastet (V, 1, 3), jedoch wird zuletzt die Gesellschaft auch seinen Betrieb schlucken.

Eine sympathische Ausnahme macht der Ingenieur Négrel. Er ist aus einfachen Verhältnissen bis zum Studium gekommen und im Grunde republikanisch gesinnt. Bei der Rettung der Verschütteten beweist er Kompetenz und Selbstaufopferung. Nach der Bergung Etiennes fallen sich die beiden in die Arme und lassen für einen Augenblick alle sozialen Trennungen hinter sich (VI, 5).

Zwei weitere Vertreter der Bourgeoisie wirken eher kümmerlich und lächerlich. Das Ehepaar Grégoire hat seit langem seine Anteile an die Bergwerksgesellschaft verkauft und lebt vom mühelosen Einkommen seiner Dividende. Der Eigennutz macht sie für das reale Elend ringsum blind; karitative Einzelaktionen können allenfalls ihr Gewissen beschwichtigen (II, 1). Durch den Tod ihrer Tochter (V, 6; VII, 4) aber werden gerade sie am fürchterlichsten getroffen. Zola lässt durch seine Darstellung nicht vermuten, dass sie aus ihrem Unglück etwas lernen.

6. Historische Einordnung

Eugène Sue hat in seinem Buch *Les Mystères de Paris* das Milieu der kleinen Leute für die Literatur entdeckt, jedoch brauchte er es nur als pittoresken Hintergrund für seine Kriminalgeschichten. Auch Victor Hugo hat in *Les Misérables* mit diesem Stoff noch immer seine eigenen romantischen Welten gebaut. Echten Realismus, der sich diesen Menschen und ihrer Lage zuwandte, um des Verständnisses ihrer selbst willen, gibt es erst seit Zola. Seine Analysen haben Lösungen vorbereitet oder doch Irrwege aufgezeigt. Jedenfalls kann seit Zola keine soziale Gesellschaftsdarstellung mehr hinter sein Werk zurück.
Nach der russischen Revolution haben die Romane von Louis Aragon die Problematik weitergebracht und André Malraux konnte in *La Condition humaine* die sozialistische Revolution in China aus eigener Anschauung darstellen.

Boule de Suif (1880)
Guy de Maupassant

1. Leben und Werk

Guy de Maupassant (1850–1893) ist in der Normandie geboren und mit ihm wird die französische Provinz und ihre Menschen Gegenstand der Literatur. Seine Lehrmeister sind Flaubert und Zola, doch erfasst er die Wirklichkeit weniger durch Dokumentation ihrer Details als durch knappe Präzision. So entstehen neben sechs Romanen dreihundert Novellen, in denen er menschliche Individualität in immer neuen Spielarten darstellt. Wie in der realistischen Novelle ist er auch in der fantastischen Erzählung ein Meister und darin Edgar Allen Poe ähnlich. Seine Weltsicht ist durch den Pessimismus Arthur Schopenhauers bestimmt. Hinzu kommt bei ihm schon sehr früh das persönliche Unglück einer geistigen Beeinträchtigung durch Krankheit. Der Sarkasmus, mit dem er die Welt und die Menschen beschreibt, wird in seinem Spätwerk gemildert durch die Tugend, die Schopenhauer den Menschen im Umgang miteinander empfiehlt, das Mitleid.

2. Inhaltswiedergabe

Die Novelle spielt zu Anfang des Krieges von 1870/71. Paris ist noch nicht gefallen, der Krieg schon vom Stadium der Invasion in das der Okkupation übergegangen. Die preußischen Besatzer erweisen sich nicht als die barbarischen Hunnen, die man gefürchtet hatte. Insgeheim wird vielerorts schon mit ihnen fraternisiert. Eine Gruppe von drei vermögenden Bürgern will daher von Rouen aus nach Norden Dieppe erreichen, um dann zu Schiff nach Le Havre zu kommen, wo die französische Armee steht. Dort sollen die Handelsbeziehungen wieder in Gang gebracht werden. Bei Zuspitzung der Lage denkt man, sich auch nach England abzusetzen, wohin vorsorglich bereits Gelder transferiert wurden.

Die Kutsche mit den Reisenden bleibt jedoch im Schnee stecken. Man braucht vierzehn Stunden für eine Etappe, die man schon zu Mittag erreichen wollte, und der Hunger wird unter den Insassen, die sich nicht mit Proviant versehen haben, quälend. Nur Elisabeth Rousset hat sich wie zu einem Picknick versorgt, sie lädt gutmütig die anderen ein und diese bequemen sich, der Not gehorchend, die soziale Distanz zu überspringen, um anzunehmen. Das ist nötig, denn Elisabeth ist in Rouen unter dem Namen, Boule de Suif – Fettklößchen – als Prostituierte bekannt.

In Tôtes, der Zwischenstation, kommt es zu einem längeren Aufenthalt. Ein preußischer Offizier verlangt, dass sich Mlle Rousset ihm für die Dienstleistung ihres Gewerbes zur Verfügung stellt. Als sie entrüstet ablehnt, lässt er die Gesellschaft einfach nicht weiterreisen. Die gutbürgerlichen Mitfahrer stimmen zunächst in die Entrüstung mit ein. Je länger der Aufenthalt der Gruppe sich jedoch hinzieht, desto mehr dreht sich die Meinung und kippt schließlich um. Auf Elisabeth wird mit dem ganzen Sozialprestige der anderen Druck gemacht, die Vertreter der Geistlichkeit geben schließlich den Ausschlag. Die Frau fügt sich und die Reise geht nach ein paar Tagen weiter.

Da sie jetzt nicht mehr gebraucht wird, ist die Prostituierte wieder die Ausgestoßene der Gesellschaft. Wieder stellt sich der Hunger ein und jetzt ist Boule de Suif nicht mit Proviant versehen.

Im Gegensatz zu ihr denkt aber keiner der Bürgerlichen daran, sie zum Essen einzuladen. Ihre ohnmächtige Wut löst sich in Tränen auf, die bis zur Ankunft in Dieppe weiterfließen werden, kaltschnäuzig unbeachtet von den anderen. Nur der auch mitreisende Republikaner Cornudet stimmt die zweite Strophe der Marseillaise an und hält diesen Gesang obstinat bis zum Ende der Reise durch. Die Patrioten und Verteidiger der Freiheit, die darin aufgerufen werden, waren in dieser Episode nicht die honorigen Bürger, sondern die Diskriminierte aus der Randgruppe der Gesellschaft.

Strukturplan

I. Einleitung			
Abschnitt	Arbeitstitel	Schwerpunkte, Kommentar	Seitenzahl*
1 2	commerçants bourgeois	la débâcle	311 312
3 4 5	droit de guerre urbanité Intrépides	l'occupation	312/313 313 314
6 7 8 9 10	diligence juste-milieu démoc Boule de Suif conservateurs	les passagers	314–316 316–318 318 319 319/320

II. Hauptteil			
Abschnitt	Arbeitstitel	Schwerpunkte, Kommentar	Seitenzahl*
11 12	la corbeille Badinguet	la corbeille, Boule de Suif	320–324 324/325
13 14 15	officier formalité citoyenne	la formalité l'indignation	325/326 327/328 328–330
16 17 18 19	mystères entente cordiale caprice d'Allemand indignation	le caprice	330–331 331 331–334 334/335
20 21 22 23 24 25	refroidissement baptême Judith sainte fille quadrille Cornudet	Judith, le refoidissement	336 336–339 339–340 340–342 342–344 344/345
26 27 28	contact impur larmes Marseillaise	larmes, la Marseillaise	346/347 347/348 348

* Seitenzahlen nach: Alain Bosquet, Les vingt meilleures nouvelles françaises, Paris, Pierre Seghers, 1956.

3. Aufbau

Die Novelle hat eine deskriptive Einleitung, in der die Akteure vorgestellt werden und eine zweiteilige Handlung, die den Stimmungsumschwung der Reisenden gegenüber der Titelheldin wiedergibt.
Auch die Einleitung ist zweiteilig; zunächst wird der Zug der geschlagenen französischen Armee durch die Stadt geschildert (Abschnitt 1–6), sodann das Personal der Postkutsche vorgestellt (7–10). Der Zusammenhang ist evident: die Korruption des hier auf der Flucht befindlichen Großbürgertums ist die Ursache der nationalen Katastrophe.

4. Kernaussage der Novelle

Gegenstand der Erzählung ist die Aufgabe der Moralität durch die bürgerliche Gesellschaft und ihr Ersatz durch den Standpunkt des reinen Nutzens. Die auf die bloße Sexualmoral verengte bürgerliche Moral erweist sich als Fassade, denn die anfängliche Verachtung für die Prostituierte wird vergessen, sobald das eigene Wohlbefinden dagegensteht. Als die Diskreditierte in die gleiche Mangellage gerät wie zunächst die Reisegesellschaft, gelten ihr gegenüber nicht einmal mehr die Regeln der einfachen Sittlichkeit unter Menschen.
Die Gesellschaft kann aber Prostitution sogar gebieten, wenn höhere Gesichtspunkte es erfordern, wie hier die Kapitalien, die die Großbürger nach Le Havre ziehen. Um Elisabeth zu beweisen, dass der Zweck die Mittel heiligt, wird eine groteske Überredungstechnik entwickelt. Wie eine zweite Judith soll sie mit dem preußischen Holofernes schlafen, um die Weiterfahrt zu ermöglichen. Da sie gerade aus patriotischen Gründen jede Gefälligkeit gegenüber dem Landesfeind zurückweist, überzeugt man sie sophistisch, dass die Pflege der pockenkranken Soldaten in Le Havre die dagegenstehende höhere Norm sei. Die klerikale Imponierprosa übertönt dabei die Tatsache, dass die Verhältnismäßigkeit der Einsätze auf beiden Seiten völlig fraglich ist.
Die dahinterstehende Logik ist, dass, wer seine bürgerliche Ehre als Frau verlor, nationale Ehre gar nicht verspielen kann. Die Umkehrung dieses Satzes hat noch nach dem zweiten Weltkrieg bei Siegern und Besiegten schlimme Realitäten gezeigt. Die Reisegesellschaft bei Maupassant glaubt, solchen Wesen nicht

einmal Dank schuldig zu sein. Die schnöde Nichtachtung ist jedoch eine Überreaktion aus schlechtem Gewissen. Nur aus Schuldbewusstsein gibt man sich hier noch härter, als man es ohnehin ist.

5. Die Personen

Der Personenbestand der Reisegesellschaft entspricht ziemlich genau der Zusammensetzung der französischen Gesellschaft im Großen, wie sie sich unter dem Bürgerkönigtum gebildet hatte. Graf Hubert de Bréville ist Grundbesitzer und Legitimist. So nennt man seit dem Ende der Restauration die aristokratischen Oppositionellen gegen den Bürgerkönig Louis-Philippe. Zu ihm muss man auch die beiden mitreisenden Nonnen als Vertreter des konservativen Klerus zählen. Dazu bildet der Republikaner Cornudet den extremen Gegenpart.
Er gilt als „Démoc" und ist subversiver Tendenzen verdächtig. Der Sabotage oder Desertion der Linksrevolutionären wird überhaupt die Niederlage der kaiserlichen Armee angelastet.
Zwischen diesen beiden Extremen gibt es auch unter dem zweiten Kaiserreich immer noch das Juste-milieu, das für das Bürgerkönigtum charakteristisch war, nämlich die rechte Mitte zwischen Aristokratie und Revolution, vertreten durch den Textilfabrikanten Carré-Lamadon und den neureichen Weinhändler Loiseau. Seit dem Staatsstreich Napoleons III. stehen sie im zweiten Kaiserreich zwar auch in der Opposition, jedoch einer sogenannten „wohlwollenden Opposition", weil die autoritäre Staatsgewalt sie immer noch vor dem Schlimmsten, der nächsten Revolution bewahrt.
Autoritätshörigkeit unterstellt Maupassant allen Frauen, zumal den Ehehälften der Großbürger, die auf dieser Reise deren Partei noch verstärken, weil es ja eventuell in die Emigration nach England weitergehen soll. Auch Boule de Suif bildet da keine Ausnahme. Ihre Parteinahme für den unglücklichen Kaiser ist jedoch spontan und ebenso rückhaltslos wie die Zivilcourage, die sie dem Landesfeind gegenüber an den Tag legt.
Die Vertreter des Bürgertums dagegen zeigen eine moralische Korruption die symbolisch auf den Zustand der bürgerlichen Gesellschaft im Ganzen hindeutet. Hier sieht Maupassant die Ursache der militärischen Niederlage. Die geschlagene Armee, die er in der Einleitung der Novelle vorüberziehen lässt, ist nicht mehr die sieggewohnte und durch ihren Mut legendäre Truppe des großen Napoleon I.

Zuviele Reservisten und Nationalgardisten sind dabei, die die Verfolgung ihres Erwerbslebens verweichlicht hat.
Ihnen gegenüber ist Cornudet keineswegs das strahlende Gegenbeispiel eines Revolutionärs aus dem Volke. In der Frontstellung der Bürgerlichen gegenüber Boule de Suif ist er zwar auf ihrer Seite, bleibt aber inaktiver Zuschauer, obwohl er mit den anderen seinen Vorteil wahrnimmt. So geht auch sein patriotischer Schanzdienst gegen den Landesfeind nicht über die reine Defensive hinaus und seine Fahrt nach Dieppe scheint eine Absetzbewegung wie bei den anderen. Die allgemeine Korruption hat auch die Revolution schon untergraben.

6. Historische Einordnung

Maupassants Novelle fasst drei Stränge der französichen Romanliteratur zusammen. Sie setzt die Gesellschaftskritik fort, die von Stendhal, Balzac, Flaubert und Zola eingeleitet war und im 20. Jahrhundert von Louis Aragon und Louis-Ferdinand Céline fortgeführt wird. Sodann wird nach Zolas *La Débâcle* eine Darstellung des Kriegsgeschehens im Hinterland der Fronten versucht, die von Raimond Radiguet in *Le Diable au Corps* und Jean Cocteau mit *Thomas l'Imposteur* wieder aufgenommen wurde. In der Figur der Elisabeth Rousset ist hier aber vor allem der Typus des Außenseiters der Gesellschaft geprägt, des Verfemten, der im Grunde eine moralisch vorzüglichere Haltung verkörpert als seine Kritiker. Sartre hat für sein Stück *La Putain respectueuse* hier eine deutliche Anleihe gemacht und vor allem mit seiner Schrift *Saint Genêt, comédien et martyr* eine ausführliche Charakteristik geliefert. Im Liedgut, der volkstümlichen Literatur und vor allem im Film wird der Typus schließlich zum Klischee.

Le Tour du Monde en 80 Jours (1872)
Jules Verne

1. Leben und Werk

Jules Verne (1828–1905) ist in Nantes geboren und atmet schon früh Seeluft. Mit elf Jahren heuert er als Schiffsjunge an, wird jedoch von seinem Vater zurückgeholt und macht nach Schule und Studium in Paris seinen Abschluss als Jurist. Erst mit dreißig Jahren kann er eigene Reisen unternehmen und wird endlich auch sein eigener Kapitän nach drei großen Romanerfolgen: *Cinq semaines en ballon* (1862), *Voyage au centre de la terre* (1864) und *De la terre à la lune* (1865). 1867 fährt er mit der „Great-Eastern" nach Amerika und lernt aus eigener Anschauung die Verlegung transkontinentaler Telefonkabel kennen. Diese Erfahrung bringt er ein in sein Buch *Vingt mille lieues sous les mers.*
Seine literarischen Anfänge macht Verne indessen mit Stücken für das Theater. Mindestens fünfzehn sind bekannt, zu einigen auch die Musik von Jacques Offenbach. Daneben stehen jedoch nicht weniger als achtzig Romane. Er bewundert Zeit seines Lebens die *Abenteuer des Arthur Gordon Pym* von Edgar Allen Poe, sein Vorbild und Förderer in Frankreich ist jedoch Alexandre Dumas père, der Verfasser des *Comte de Monte Christo* und der *Trois Mousquetaires*. Vernes Blick ist indessen nicht in die Geschichte zurückgewandt, er kehrt die Perspektive um in die Gegenwart und die Zukunft.
1872 lässt er sich in Amiens nieder, wo er später die Pflichten eines Stadtverordneten auf sich nimmt und gewissenhaft erfüllt. An seinem Werk bleibt er bis zu seinem Tode ein unermüdlicher Arbeiter.

2. Inhaltswiedergabe

Am 2. Oktober 1872 berichtet der Londoner Morning Chronicle über die Fertigstellung der Eisenbahnverbindung zwischen Bombay und Calcutta und stellt fest, dass dadurch die Welt jetzt in 80 Tagen einmal ganz umfahren werden könne, und zwar in acht Etappen:

1.	von London nach Suez (per Bahn und Schiff über den Mont Cenis und Brindisi)	7 Tage
2.	von Suez bis Bombay (zu Schiff)	13 Tage
3.	von Bombay nach Calcutta (per Bahn)	3 Tage
4.	von Calcutta nach Hong Kong (zu Schiff)	13 Tage
5.	von Hong Kong nach Yokohama (zu Schiff)	6 Tage
6.	von Yokohama nach San Francisco (zu Schiff)	22 Tage
7.	von San Francisco nach New York (per Bahn)	7 Tage
8.	von New York nach London (zu Schiff und per Bahn)	9 Tage
		80 Tage

Im Londoner Reform Club wird beim Whist von den Spielpartnern diese Rechnung für zu eng gehalten und die Möglichkeit der Erdumrundung in so kurzer Zeit bezweifelt wegen der unvorhersehbaren Verzögerungen und Zwischenfälle. Das Clubmitglied Phileas Fogg hält dagegen und bietet die Wette an, die Reise einschließlich aller Unwägbarkeiten in 80 Tagen zu schaffen. Es geht um 20 000 Pfund, die Hälfte seines ganzen Vermögens.

Die Abreise nach Dover mit seinem französischen Butler Passepartout ist noch am gleichen Abend und die Ankunft in Suez plangemäß sieben Tage später. Am Hafen erwartet ihn dort der Polizeiinspektor Fix, der ihn wegen äußerer Ähnlichkeiten für den Bankräuber James Strand hält. Er sieht in dessen Verhaftung seine große berufliche Chance, doch kommt der von London angeforderte Haftbefehl nicht rechtzeitig an. Darum tritt er mit Fogg und Passepartout die Weiterreise an, weil er bis Hong Kong noch die Möglichkeit sieht, den vermeintlichen Strand auf englischem Territorium zu ergreifen.

Bei der Ankunft in Bombay hat Fogg durch günstige Fahrbedingungen sogar zwei Tage gewonnen, auf dem Wege nach Calcutta ist jedoch die Eisenbahnstrecke entgegen der Meldung des Morning Chronicle noch nicht fertiggestellt. Fogg kann jedoch einen Elefanten kaufen und unterwegs sogar noch eine junge Inderin retten, die gegen ihren Willen der Tradition der Witwenverbrennung gehorchen sollte.

Die Ankunft in Calcutta erfolgt durch den zuvor gewonnenen Vorsprung rechtzeitig, doch droht hier den Reisenden unversehens ein Prozess, weil Passepartout in Bombay unbedachterweise einen Tempel mit Schuhen betreten und sich auch noch mit den Wächtern geschlagen hat. Fogg kann aber Kaution hinterlegen, weil er die zweite Hälfte seines Vermögens, ebenfalls 20 000 Pfund, in Banknoten bei sich führt.

Der nächste negative Zwischenfall ist ein Seesturm, der Fogg um 20 Stunden im Plan zurückwirft. In Hong Kong erschwert dann Inspektor Fix die Weiterfahrt, weil er hier endlich auf seinen ersehnten Haftbefehl rechnet. Passepartout wird von ihm unter Opium gesetzt, sodass er seinen Herrn nicht mehr von der Abreise der „Carnatic" in Kenntnis setzen kann. Die Weiterreise tritt er daher allein in den für Yokohama gebuchten Kabinen an. Fogg zeigt sich noch einmal ein Ausweg, als ihm ein Kapitän gegen hohes Entgelt anbietet, die Schiffsverbindung nach San Francisco noch vor der Station Yokohama in Schanghai zu erreichen.

Das unmöglich Scheinende wird trotz eines Taifuns wahrgemacht und in Yokohama geschieht wieder ein großer Zufall. Passepartout hat sich inzwischen, um zu überleben, einer Zirkustruppe angeschlossen. Fogg und die junge Inderin, deren er sich nun besonders angenommen hat, treffen ihn bei einer Vorstellung wieder. Auf dem Schiff nach San Francisco ist mit ihnen auch noch Inspektor Fix, der von jetzt an ein Interesse daran hat, Fogg möglichst bald auf englischen Boden zurückzubekommen.

Auf der Bahnfahrt von San Francisco nach New York häufen sich die Zwischenfälle. Eine Büffelherde kreuzt die Strecke und eine Brücke stürzt fast unter dem Zug zusammen. Schließlich überfallen auch noch die Sioux die Eisenbahn. Wie schon für die Inderin Aouda riskiert Fogg auch hier ohne zu zögern den Erfolg seiner Wette, als er Passepartout aus den Händen der Sioux befreit. Die Weiterfahrt ist nur noch mit Hilfe eines Segelschlittens möglich.

In New York ist auch das Schiff nach London bereits abgefahren. Unter großen Schwierigkeiten muss Fogg diesmal ein ganzes Dampfschiff kaufen und erreicht bei Queenstown die irische Küste. Als er mit dem Schnellboot in Liverpool eintrifft, verhaftet ihn unversehens Inspektor Fix. Da der wirkliche Bankräuber aber inzwischen ebenfalls gefasst ist, muss sich Fix schon bald bei Fogg entschuldigen, doch nun ist alles bereits zu spät. Fogg kommt fünf Minuten nach Plan in London an, seine Wette scheint verloren und sein finanzieller Ruin besiegelt.

In dieser Situation fasst Aouda den Mut, ihm die Ehe mit ihr anzutragen. Fogg liebt sie längst und lässt die Trauung durch Passepartout bestellen. Dieser kommt jedoch atemlos zurück. Auf der Fahrt von Westen nach Osten waren sie wie durch eine zusätzliche Erdumdrehung der Londoner Zeit um einen Tag vorausgeeilt. Es ist erst Samstag und die Trauung nicht möglich, wohl aber die triumphale Rückkehr in den Reformclub.

Strukturplan

Kapitel	Arbeitstitel	Zwischenfälle, Erläuterungen	Seite*
1	Byron		1–9
2	Passepartout		2–14
3	pari		14–24
4	gaz		24–29
5	bourse	mandat d'arrestation	30–36
6	M. Fix	} la 1re étape	35–43
7	Suez		43–47
8	montre		47–52
9	Bombay	} la 2e étape	53–62
10	chaussures		62–70
11	éléphant	interruption de ligne	70–83
12	sutty		84–94
13	Aouda	la ruse de Passepartout	94–105
14	Calcutta		105–115
15	caution	arrestation	116–125
16	espion		125–132
17	Singapore		133–143
18	tourmente	la réparation du Carnatic	143–150
19	Hong-Kong	l'opium de M. Fix	150–161
20	„Tankadère“		161–171
21	typhon	le signal de détresse	171–184
22	Yokohama		184–193
23	acrobates	la rencontre au cirque	194–204
24	M. Fix allié		204–213
25	San Fancisco	le meeting	213–223
26	bisons	trois heures d'arrêt	223–232
27	mormonisme		233–243
28	le pont	bon sens de Passepartout	243–254
29	les sioux	le duel	255–268
30	devoir	héroïsme de Passepartout	268–279
31	traîneau		279–289
32	New York	achat d'un bateau	289–294
33	le capitaine	découverte d'un loup de mer	295–307
34	Liverpool	arrestation	308–312
35	Aouda	la demande en mariage	313–320
36	le pari	coup de théâtre	320–325
37	la montre	l'heure de Londres	325–331

* Text: Jules Verne, Le tour du monde en 80 jours, Paris, Livre de Poche, Hetzel, 1997

3. Aufbau

Der Aufbau der Geschichte unterscheidet sich von anderen Abenteuerromanen dadurch, dass die Handlung nicht ziellos streunt, aber auch nicht linear auf ein Ziel ausgerichtet ist, sonden zirkulär auf den Ausgangspunkt der Reise. Allein die Rückkehr ist hier wichtig und Spannung entsteht durch den Zeitdruck. Das gibt dem Ganzen die sportliche Nuance. Alle äußeren Geschehnisse sind nur lästige Unterbrechungen. Von Phileas Fogg wird immer wieder gesagt, dass er keinen Blick auf die Landschaft verschwendet. Außerhalb seiner Wette interessiert er sich spontan nur für die Rettung der Aouda und erst mit ihr macht er gelegentliche Spaziergänge. Passepartout muss einen seiner wenigen touristischen Abstecher sogar teuer bezahlen.

Die 37 Kapitel der Schrift sind entsprechend den Etappen der Reise in acht Abschnitten gebündelt. Diese sind wiederum symmetrisch strukturiert mit Ausgangs- und Endpunkt in London und einem kritischen Höhepunkt am Schluss des vierten Abschnitts, wo die Reisenden durch die Intrige des Polizeiinspektors getrennt werden und die Schiffsverbindung nach New York zunächst verpassen.

Eine Wende liegt auch insofern vor, als M. Fix von nun an, obschon mit entgegengesetzten Motiven, die Weiterreise nach Kräften unterstützt. Im fünften Abschnitt sind denn auch alle vier nach Passepartouts komischem Zwischenspiel im Zirkus versammelt und die Bahnfahrt durch den amerikanischen Kontinent im sechsten Teil zeigt trotz vieler Abenteuer gewisse Längen.

Im vorletzten Abschnitt der Fahrt ist Phileas Fogg zu einer äußersten, letzten Kraftanstrengung gezwungen. Der Erwerb des Schiffs „Henrietta", zeigt ihn am Rande der Kriminalität und dem Höhepunkt des Risikos, als er wie ein zweiter Bernard Palissy selbst die Inneneinrichtung für den Antrieb verheizt. Hier enthüllt sich auch endlich seine eigentliche Berufung als Seefahrer. Am Schluss steht aber der Tiefpunkt seiner Verhaftung, die alle Mühe sinnlos macht.

Wenn überhaupt noch ein Überraschungsmoment übrig bliebe, dann ist es die wunderbare Auflösung aller Probleme durch die so natürliche Erklärung der Zeitverschiebung. Allerdings ist inzwischen das Happyend der beiden Liebenden zur eigentlichen Hauptsache geworden. Seit dem dritten Abschnitt in der ersten Hälfte zeichnet sich dieses Thema immer deutlicher hinter dem äußeren Geschehen ab. Der davorliegende zweite Abschnitt der Fahrt ist äußerlich der problemloseste, doch tritt hier mit der Person des M. Fix die menschliche Borniertheit als gefährlichster Gegenspieler in das Geschehen ein.

Über die erste Etappe der Fahrt von London nach Suez verlautet rein gar nichts. Die Einleitung charakterisiert die Hauptpersonen und entwickelt die Voraussetzungen der Wette. Sie umfasst fünf Kapitel wie alle folgenden Abschnitte bis zum 35ten, das durch das Aufgebot zur Trauung als der innere Höhepunkt der Geschichte gekennzeichnet ist. Jede der sechs inneren Fünfergruppen führt jeweils ein anderes Transportmittel ein. Es ist in Kapitel sechs die „Mongolia“, in Kapitel elf die „Great Indian Peninsular Railway“, in Kapitel sechzehn die „Rangoon“, in Kapitel 21 die „Tankadère“, in Kapitel 26 die „Pacific Railroad“ und im 31. Kapitel schließlich der von M. Fix persönlich aufgetriebene Segelschlitten. Die beiden Kapitel 36 und 37 wirken nach der Vereinigung der Liebenden wie ein Anhang, der sie in einem Theatercoup nun auch noch mit einem Glücksumschwung belohnt.

4. Kernaussage des Werks

Phileas Fogg ist zutiefst überzeugt von der allgemeinen Berechenbarkeit aller Lebensumstände. Er scheint sie bisher nur im Alltag der bürgerlichen Existenz und im Whistspiel erprobt zu haben. Mit seiner Wette setzt er jedoch im Abenteuer nicht nur sein ganzes Vermögen, sondern auch sein Leben aufs Spiel.

Zu beweisen ist, dass man in 80 Tagen um die Welt reisen kann einschließlich aller Wechselfälle des Zufalls. Die Berechnung will also auch die Unschärferelation des Unwägbaren integrieren. Wenn die Kalkulation im Ganzen stimmt, können Zwischenfälle durch besondere Eingriffe der menschlichen Initiative neutralisiert werden.

Der Leser erlebt in acht Runden den grandiosen Kampf der Berechnung mit dem Zufall und der Zufall obsiegt, denn Phileas Fogg gewinnt zwar seine Wette, aber wieder nur aufgrund eines glücklichen Umstands, der aus heutiger Sicht wie ein eklatantes Versehen in der Berechnung erscheint. Abgesehen von seinem unerschöpflichen Geldvorrat ist ihm die Fortsetzung der Reise immer wieder nur möglich, weil sich bei einem negativen Zwischenfall ebenso oft überraschend auch ein glücklicher Umstand ergibt.

Der größte und glücklichste Zufall ist schließlich, dass Phileas auszieht, um eine Wette zu gewinnen, mit Aouda aber das Glück seines Lebens heimbringt, weil er hier gegen das eigene Interesse spielt und die menschliche Pflichterfüllung die Regeln der Wette außer Kraft setzte.

5. Die Personen

Phileas Fogg ist eher das Gegenteil eines traditionellen Romanhelden, nicht wegen seiner äußeren Erscheinung, sondern wegen seiner Monomanie der maximalen Berechenbarkeit aller Lebensumstände. Eine Reisebekanntschaft, Sir Francis Cromarty, bezeichnet ihn als ein Produkt der exakten Wissenschaften. Seine Leidenschaft für das Whistspiel scheint damit zusammenzuhängen. An der Außenwelt ist er jedenfalls völlig uninteressiert und verbringt seine Reise auch bei den größten touristischen Attraktionen zumeist am Spieltisch. Erst am Schluss enthüllt uns der Autor, dass Fogg ein erfahrener Seemann ist und wahrscheinlich die Welt schon gesehen hat.

Der Psychologe könnte meinen, dass hier eine innere Unsicherheit kompensiert werden soll, jedoch beweist Fogg in allen Lebenslagen nüchterne Einschätzung der Situation, kaltbültige Hinnahme von Rückschlägen neben Initiative und Einfallsreichtum bei der Lösung von Schwierigkeiten. Fogg hängt nicht am Besitz, ist großzügig gegenüber Bedürftigen und allen Personen, deren Hilfe er in Anspruch nimmt. Dass Geld für ihn nur ein Mittel zum Zweck darstellt, zeigt der Einsatz seines ganzen Vermögens für die Wette. Zwei andere Eigenschaften hätten dagegen sein Unternehmen beinahe entscheidend gefährdet. Pflichtbewusstsein und Opferbereitschaft beweist er auch im äußersten Zeitdruck bei der Rettung der Aouda und seines treuen Dieners Passepartout.

Dieser ist nicht gerade ein typischer Franzose, blond, rundlich schon mit dreißig Jahren und von herkulischer Körperkraft, wie sie eher den fränkischen Kreuzrittern im heiligen Land als den Florettfechtern der Klassik nachgesagt wird. In dem neuen Dienstverhältnis bei Phileas Fogg sucht er nach bewegter Jugend vor allem seine Ruhe. Das Gegenteil wird aber der Fall. Im Übrigen ist er meist gutgelaunt, manchmal zu gutgläubig, auch neugierig und unbedacht. Als Einziger versucht er bei dem Brückenabenteuer – im Kapitel 28 – den gesunden Menschenverstand zu Gehör zu bringen, kann sich aber gegen das amerikanische Imponiergehabe nicht durchsetzen. In Schwierigkeiten zeigt er die sehr französische Eigenschaft, sich selbst durchzuwursteln. Seinem weltabgewandten Dienstherrn steht er als ein überaus nützlicher Sancho Panza zur Seite.

Die übrigen Personen sind eher Typen als Charaktere. Aouda unterscheidet sich, obwohl aus der indischen Kaste der Geber stammend, durch ihre Erziehung in nichts von einer jungen Engländerin ihrer Zeit. Umso erstaunlicher ist ihre weibliche Initiative, als sie dem vermeintlich verarmten Fogg die Ehe anträgt.

Inspektor Fix ist der Typ des übereifrigen, aber trotz aller Pfiffigkeit fachverblendeten und auch trotteligen Polizisten.

7. Historische Einordnung

Jules Verne verdankt die europäische Literatur sowohl das heutige Sachbuch als auch die Sciencefiction. Er ist als Schriftsteller fasziniert von den technischen Entwicklungen der Moderne und entdeckte mit dem Blick des Dichters und Visionärs die darin gegebenen poetischen Möglichkeiten. So sind durch ihn fantastische Geschichten entstanden, deren Reiz gerade darin liegt, dass sie von der Erfahrung unserer Wirklichkeit gesättigt sind.

Vor ihm gab es wohl den historischen Abenteuerroman von Alexandre Dumas und die Kriminalgeschichten von Eugène Sue. In Seefahrerabenteuern hat ihn sicher Pierre Loti auch noch übertroffen. Die großen Romanautoren seiner Umgebung sind noch ganz mit der Psychologie des Individuums befasst oder beginnen gerade, sich der sozialen Frage anzunehmen. Psychologie kommt bei Verne als Verhaltensdarstellung – *behaviour* – vor und die soziale Frage erscheint allenfalls in der Person der Bettlerin, der Fogg seinen Spielgewinn überlässt.

Beherrschende Struktur seines Romans ist der Zeitplan, dem die Sachzwänge die innere Dynamik geben. Insofern ist Verne auch ein Vorläufer des *Nouveau Roman.*

Le Retour de l'Enfant prodigue (1907)
André Gide

1. Leben und Werk

André Gide (1869–1951) war neben Gérard de Nerval und Jean Giraudoux der beste Kenner der deutschen Literatur. Wie kein anderer hat er sich die deutsche Philosophie, zumal Schopenhauer und Nietzsche, zu Eigen machen können. Er fühlte sich einerseits der europäischen Bildungstradition zutiefst verpflichtet, hatte aber andererseits eine hohe Sensibilität für die Bewegungen der Zeit. Ohne sich zunächst entscheiden zu können, sah er seine Aufgabe im Ertragen der Spannung zwischen Tradition und Emanzipation bei unbestechlicher Ehrlichkeit gegenüber sich selbst.
Sein Verhältnis zur Wirklichkeit war so immer zwiespältig. Den Versuchen seiner katholischen Freunde, ihn zur Konversion zu bewegen, widerstand er ebenso, wie er sich auch nicht von den Fortschritten des Kommunismus der Stalin-Ära blenden ließ. Er bekannte sich zu seiner Homosexualität in einer Zeit, als das noch mit sozialem, wenn nicht gar juridischem Risiko verbunden war, und wurde zum Vorbild einer ganzen Generation. Die literarische Redaktion seiner Zeitschrift „La Nouvelle Revue Française" hatte dabei einen maßgeblichen Einfluss.
Außer der Literaturkritik hat er vor allem mit seinem Buch „Les Faux-Monnayeurs" für die Struktur des Romans neue Wege gesucht. Mit seiner eigenen Entwicklung dokumentierte er die Zeitgeschichte in umfangreichen Tagebuchaufzeichnungen. Die Auseinandersetzung mit der geistigen Elite seiner Tage ist in vielen Bänden seines Briefwechsels erhalten.

2. Inhaltswiedergabe

Gide imitiert das Gleichnis vom verlorenen Sohn aus dem Lukas-Evangelium, weil er darin eine Modellfigur zum Verständnis der eigenen Person und Situation findet, die er dem Publikum seiner Generation vorstellen will. Biografisch vorausgegangen ist eine religiöse Krise, die durch die Sexualmoral seines streng protestantischen Elternhauses veranlasst war. Die Wiederaufnahme des biblischen Stoffes signalisiert eine Rückwendung zur christlichen Religion, freilich unter Vorbehalten.

Diese Vorbehalte werden deutlich an den Veränderungen, die Gide in die Vorlage eingeführt hat. Schon Gottvater spricht bei ihm mehr und anders als bei Lukas, das Vaterhaus ist die Kirche und der ältere Bruder als der Klerus charakterisiert. Die Mutter, die bei dem Evangelisten gar nicht vorkommt, verkörpert die Familie und der jüngere Bruder den Vollender, der den gescheiterten Ausbruchsversuch des verlorenen Sohnes wieder aufnehmen soll, mit besserem Erfolg, weil mit frischen Kräften und der Erfahrung des Vorgängers. Damit ist deutlich, dass nicht eine grundsätzliche Unmöglichkeit der Evasion zugegeben wird, sondern nur ein persönliches Scheitern und die Resignation aus Erschöpfung.

Die Erklärung und Begründung im Einzelnen erfolgt in vier Dialogen mit den beiden biblischen und den zwei Gideschen Gesprächspartnern. Zunächst schickt der Autor aber eine poetische Nacherzählung der Parabel voraus, in der die Begründung seines Ausbruchs deutlich wird. In der Kirche fühlte er sich wie ein Gefangener, dem es zwar nicht an (geistlicher) Nahrung fehlte, jedoch an Liebe, weil ihren Tempelwächtern der Regelvollzug und die Gesetzestreue wichtiger war als das echte Gefühl. Bis hierhin geht Gide in eins mit der christlichen Kritik am Pharisäismus. Die Liebe des Vaters gibt auch bei ihm der geprüften Tugend des Umkehrenden den Vorzug vor der unproblematischen formalen Gerechtigkeit.

Wie in der Bibel ist die zunächst vom verlorenen Sohn gesuchte Erfahrung, der sinnliche Rausch, den er anfangs mit dem Glück verwechselt, bevor er erlebt, dass erst die Lösung von allen konkreten Objekten der Begierde die gesuchte Erfüllung geben kann. Der erste Vorwurf des Vaters ist auch, dass er leichtsinnig den Reichtum der geschichtlichen Tradition der Kirche von sich geworfen hat. Der Sohn antwortet darauf, dass ihm die Schöpfung des Vaters in der Religion mehr bedeutet als das Dogma, und der spirituelle Reichtum in der eigenen Seele mehr als der in Institutionen objektivierte.

Dem Vorwurf des Leichtsinns begegnet er mit dem Hinweis auf das, was er statt der Besitztümer der Tradition gewonnen hat: sinnliche Erfüllung und Befreiung für das Schöne. Als höchsten Wert der Person hatte ihm das Elternhaus die Vervollkommnung in der Tugend gewiesen. Statt dessen aber entdeckte er am Ende aller sinnlichen Erfahrung eine neue innere Glut, die gerade in der Abwesenheit aller sinnlichen Objekte möglich wird: die Energie der in sich schwingenden

Seele, wie sie auch in der negativen Theologie übrigbleibt, wenn sie Gott durch alles das definiert, was er hienieden nicht ist.
Das schwerwiegendste Argument des älteren Bruders ist die Kritik des anarchischen Individualismus. Er pocht zunächst auf die Autorität der Kirche in der Auslegung des göttlichen Willens und zielt auf die Vermessenheit protestantischer Gesinnungsethiker, die eine zweitausendjährige exegetische Bemühung einfach überspringen, um selbst ein Urteil über die Offenbarung zu gewinnen.
Von tiefem Ernst aber ist sein Hinweis auf die Gefahr, dass auch im zivilisiertesten Menschen jederzeit der animalische Egoismus wieder aufbrechen kann, sobald die Bändigung der menschlichen Kräfte durch die in Jahrhunderten entwickelte christliche Ethik aufgehoben wird, im Chaos des Krieges oder der Despotie.
Gerade das überkommene moralistische Modell des Menschen empfindet der verlorene Sohn indessen als quälende Einengung seiner personalen Möglichkeiten. Er sucht sein besonderes innerstes Wesen, den neuen Menschen überhaupt, in der Befreiung von allen Werten der kulturellen Tradition, auf noch nicht begangenen Wegen, in anderen Ländern und zuletzt der Wüste.
Das Gespräch mit der Mutter ist viel entspannter als die vorausgegangenen, weil der Sohn sich nicht verteidigen muss und Schwäche zeigen kann. Sie ist froh, ihr Kind wiederzuhaben, und, von ihrer Liebe umfangen, erscheint ihm sogar sein ganzes Unternehmen gegenstandslos. Auf ihre Frage, wie er sie verlassen konnte, antwortet er wie dem älteren Bruder, dass er seine Identität, sein besonderes, von den anderen Brüdern unterschiedenes Wesen gesucht habe, bis ihn die Kräfte verließen. Vor allem aber hätten die neuen Idole, denen er gefolgt sei, ihn nur in neue Abhängigkeit gebracht und letztlich in ihm Leere und Ungenügen hinterlassen. Sein Selbstbewusstsein sei ins Extreme übersteigert worden, der sinnliche Vitalismus hätte aber gleichzeitig zu einem extremen Kräfteverschleiß geführt.
Er strebe darum jetzt für sich nichts Anderes mehr an als die normale bürgerliche Existenz in Ehe und Familie. An diesem Punkt jedoch weist ihn die Mutter darauf hin, dass sein jüngerer Bruder in der Gefahr steht, derselben Unruhe wie er zu verfallen. Er verspricht ihr daher, dem Bruder durch den Bericht der eigenen Erfahrung das nämliche Unglück zu ersparen.
Der jüngere Bruder begegnet ihm zunächst schroff, weil er ihn des Einvernehmens mit der Familie verdächtigt. Er gesteht ihm jedoch bald seine Bewunderung und kommt auf den entscheidenden Punkt, ob er nur aus persönlicher Schwäche zurückgekehrt sei oder aus Erkenntnis der grundsätzlichen Unmöglichkeit des Unternehmens.

Darauf entgegnet er wie schon der Mutter, dass die Zuwendung zu neuen Idolen ihn auch wieder nur in neue Abhängigkeiten brachte, sodass ihm Zweifel kamen, ob er sich bei ihnen endgültig festlegen sollte. In dieser Ungewissheit habe er lieber die vertraute Abhängigkeit im Vaterhaus wieder aufgesucht.
Am Beispiel der geheimnisvollen Frucht, die der Bruder aufbewahrt, wird ihm indessen klar, dass es ihm im Grunde gar nicht um Festlegung auf eine Wahrheit geht, sondern um ständige Bewegung auf die Wahrheit hin. In dieser Erkenntnis bestärkt er sogar den Jüngeren, bei der Wiederaufnahme des Unternehmens noch kompromissloser den Ballast aller traditionellen Wahrheiten hinter sich zu lassen.

Strukturplan

Kapitel	**Schlüsselbegriff der Tradition – der Emanzipation**			**Seite***
1 Avant-propos	„double inspiration“			197
	victoire d'un dieu	–	*la mienne*	
	donateur	–	fils prodigue	
	souriant	–	larmes	
2 L'Enfant prodigue				198–202
	désepris de lui-même	–	fantasisie	198
	jardin abreuvé	–	dénûment	
	jardin clos	–	*s'èvader*	
	péché	–	ivresse	
	l'économe frère	–	le fils légitime	199
	ordre	–	*amour*	201
		–	bonheur	
3 La Réprimande du Père				203–209
	mercenaires	–	votre enfant	203
	la Maison	–	*toute la terre*	205
	orgueilleux	–	pauvre	205
	richesse	–	*les biens* qu'on ne peut emporter	205
	abri			204
	luxe			
	confort			
	emploi			
	générations	–	l'héritier	
	or	–	*plaisirs*	206
	préceptes		*fantaisie*	
	chasteté		*poésie*	
	austérité		*désirs*	
	vertu		*nouvelle ferveur*	206

3	amour qui rafraîchit	–	amour qui consume	
			désert	
			dénûment	
			cœur vidé de tout	207
			soif	
	amour	–	paresse	
			lâcheté	
			maladie	
	faim	–	hasardeuse nourriture	
	veau gras	–	*goût sauvage*	208
4 La Réprimande du Frère aîné				210–216
	ordre	–	*distinctif*	210
	qualité	–	vertu qui vient du Père	211
	chair et esprit symphoniquement	–	*exaltation dans le désert*	
	imposer	–	proposer	
	unique interprète du Père	–	*Je l'entendais ... sans toi.*	212
	unis dans son amour	–	... dans sa Maison	
	Maison		tout l'univers	
	celui que vous vouliez	–	*l'être neuf, moi-même*	213
	la Maison du Père	–	d'autres cultures	
			d'autres terres	
			des routes non tracées	
	tout notre bien	–	*d'autres biens*	
	indiscipline			213
	chaos			
	poids naïf			
	Esprit			
	éléments bien ordonnés			
	affaiblissement			
	anarchie			
	élaborer l'homme	–	*J'ai depuis longtemps*	
	modèle obtenu		*lâché prise.*	214
	royauté sur les autres			
	couronne			
	usurpateur			
	temple	–	*j'y étais ...*	
	les biens fonciers	–	la part spéciale	215
	la part chanceuse	–	*les dons personnels*	
	les biens intacts	–	les biens à emporter	

5 La Mère				217–224
	incliner	–	regimber	217
	humble	–	rebelle	
	cœur	–	*nuque*	
	larmes	–	*idée vaine*	
	espérer			
	prier			
	bonheur	–	Moi-même	218
			qui j'étais	
	tes frères	–	*ma dissemblance*	219
	résignation	–	*j'ai dû servir*	
	ressembler		*de mauvais maîtres*	220
	à mon frère		*mon corps, mon orgueil*	
	régir nos biens		à peine de quoi manger	
	prendre femme			
	Je soumettrai mes enfants	–	ma tentative ne me paraîtra plus si vaine	221
	Il lit trop			222
	le pays par-dessus			
	les murs			
	les goujats			
	le porcher			
	tes haillons	–	*la robe de pourpre*	223
			quel prestige	
6 Dialogue avec le Frère puiné				225–235
	expliquer	–	rêves	226
	le frère aîné	–	contre lui	227
	notre mère	–	toi-même	
	les miens	–	*je le hais*	
	haillons	–	gloire	227
			anneau	
	festin	–	tu regardais au loin	228
	graves torts	–	obligation de partir	
	j'ai souffert	–	*j'avais tort*	229
	désirs	–	raison	
	souffrance			230
	résigné	–	celui que tu as voulu être	
	mirage	–	dehors	
	folie	–	ce que je sens en moi de neuf	
	désespérant	–	différent	
	captif	–	liberté	
	mauvais maîtres	–	*terres sans roi*	

6	misère	–	royaume	231
	trompé de route			
	retour	–	départ	232
	servage		conquérant	
	douté	–	*fatigué*	
	failli			
	m'attacher	–	*la grande terre*	233
	confort		*indomptée*	
	grenade ouverte	–	grenade sauvage	
	âcreté affreuse	–	suffisamment soif	
	ce fruit désaltère	–	*il fait aimer cette soif*	
	notre jardin	–	verger	234
	les mêmes fruits	–	mais sauvages	
	je n'ai pas pu faire	–	*tu m'as ouvert la route*	
	nos parents morts	–	je pars sans rien	235
	je reste		*tu emportes tous mes espoirs*	

* Seitenzahl nach der Ausgabe Gallimard, Paris, 1924

3. Der Aufbau

In der Person des verlorenen Sohnes stellt Gide sich selbst dar. Sechzehn Jahre zuvor hatte er aus der griechischen Mythologie die Gestalt des Narziss angenommen. Solche Aktualisierung antiker Mythen ist durch Sigmund Freud berühmt geworden. Er fand dort die Modellfiguren zur Erklärung moderner psychischer Phänomene. Später haben Cocteau, Giraudoux, Anouilh, Camus und Sartre das Verfahren für die Bühne fruchtbar gemacht.

Gide erzählt nach dem Vorwort das biblische Gleichnis noch einmal und fügt ihm dann vier Dialoge an, in denen er selbst in der Rolle des verlorenen Sohnes sich vor den allegorischen Personifikationen Gottvaters, der Kirche, der Familie und des künftigen Übermenschen rechtfertigt. Er verfährt dabei nach einer Stilübung aus der antiken Rhetorik, die darin bestand, historischen oder legendären Gestalten Reden in den Mund zu legen, die von diesen zwar nicht überliefert sind, die sie aber mit psychologischer und moralischer Wahrscheinlichkeit hätten sprechen können. Es entstanden so Rollentexte für mögliche dramatische Aufführungen und die Übung nannte sich entsprechend „fictio personarum".

Fast ebenso wichtig ist in Gides Schrift ein anderes Stilmittel, die literarische Anrede, Apostrophe genannt. Sie begegnet zuerst im Vorwort als Anrede an den

Leser. Dieser erfährt, dass Gide seine Schrift mit einem Altarbild vergleichen möchte, das die Rückkehrszene darstellt und auf dem er sich wie ein mittelalterlicher Stifter oder Künstler an unauffälligem Platz selbst miteingefügt habe, und zwar in der Haltung des betenden Betrachters. Damit bezweckt er dasselbe wie Caspar David Friedrich mit den Rückenfiguren im Vordergrund seiner Landschaften, die dieselben aus der gleichen Perspektive zu sehen scheinen wie der Museumsbesucher. Es ist also hier eine Identifikation des Lesers mit dem knienden Stifter und dem gleichfalls knienden verlorenen Sohn des Altarbildes angelegt.

Auch die nächste Apostrophe hat die Funktion der immer stärkeren Einbindung des Lesers in den Text. Der Anfang des Dialogs mit dem Vater ist eine direkte Anrede des Sprechers Gide an den realen oder im Gebet für real angenommenen Gott. An dieser Stelle fügt sich Gide selbst in seine Darstellung ein, und zwar nicht als Betrachter, sondern als handelnde Person. Dadurch stehen wenig später auf der imaginären Bühne zwei verlorene Söhne und der biblische wird von dem modernen aufgefordert, ihm zu berichten, was er mit dem Vater verhandelt habe. Hier richtet ein fiktiver Sprecher seine Anrede an eine fiktive Person.

Dieser Sprung der Phantasie wird von Gide dreifach vorbereitet. Das an den realen Gott gerichtete Gebet des realen Sprechers endet mit einem Zitat aus dem Lukas-Evangelium: „Combien de mercenaires ... et moi, je meurs de faim!" Mit diesem Zitat ist der reale Sprecher bereits in die Rolle des verlorenen Sohnes geschlüpft. Um sich dann noch in die biblische Szenerie zu versetzen, bedarf es einer besonderen Anstrengung der Vorstellungskraft. Wie in einer Beschwörung wird durch dreimalige Wiederholung der Formel „J'imagine" die Situation der Ankunft vor dem Elternhaus evoziert. Im darauffolgenden inneren Monolog ist der Sprecher bereits visionär entrückt: „On m'attend. Je vois déjà le veau gras qu'on apprête ...".

Nicht nur der verlorene Sohn, sondern auch das Elternhaus hat sich jetzt verdoppelt, weil der verzauberte Sprecher seine Vision über die Bibelszene blendet. Er ruft den Familienangehörigen in einer weiteren Apostrophe zu: „Arrêtez! ne dressez pas trop vite le festin!" Im Gegensatz zu seinem Vorgänger will er sich nämlich vergewissern, was der Vater bei der Einkehr gesagt hat. Er macht davon seine Rückkehr abhängig. Der Abschluss ist demgemäß die Anrede an den Vater und die Bitte, ihn seine Stimme vernehmen zu lassen.

Im weiteren Verlauf der Darstellung wird die Apostrophe nur noch einmal bemüht, und zwar am Anfang der Unterredung mit der Mutter. Hier ist es jedoch wieder der auktoriale Erzähler, der von außerhalb des Textes den fiktiven Protagonisten auffordert, der Mutter sein Herz zu öffnen.

4. Kernaussage

Die Schrift behandelt die Problematik des Ausbruchs aus dem überkommenen sittlichen Lebenszusammenhang und dessen Ersatz durch neue Werte und Lebensformen, mit dem Ziel der Erweiterung der personalen Möglichkeiten des Menschen und seiner Höherentwicklung im Sinne Nietzsches.
Die dabei entstehende Schwierigkeit ist die des schlichten Überlebens in einem Zwischenzustand, in dem die Welt der Herkunft verlassen, die neue Welt der Zukunft aber noch nicht geschaffen ist. Descartes hatte in seinem „Discours de la Méthode" für die gleiche Problematik die „morale provisoire" eingeführt. Er empfiehlt, in Ermangelung eines Besseren in dem Lebenszusammenhang zu bleiben, in den man hineingeboren wurde, und die Religion der Väter beizubehalten, bevor die große Überprüfung aller überkommenen Werte abgeschlossen ist und sie Stück um Stück durch neue ersetzt sind.
Diese Überprüfung ist aber bis heute nicht zu Ende geführt und es entsteht die Frage nach der grundsätzlichen Möglichkeit eines anderen Modells des Menschen und neuer Normen seiner Lebensführung. Gide hat anstelle der hergebrachten sozialen Tugenden lediglich die größere Fülle und höhere Intensität der subjektiven Innerlichkeit gefunden, wie sie sich seit der Romantik dem an der Wirklichkeit leidenden Inviduum aufgetan hat.
Bei diesem Stand muss der verlorene Sohn ins Vaterhaus zurückkehren. Die Evasion des jüngeren Bruders ermöglicht es ihm jedoch, seine Rückkehr nicht als endgültig zu verstehen, sondern als Aufnahme des Provisoriums zwischen Herkunft und Zukunft. Zu dieser Lösung war auch schon Lessing gekommen. Vor die Wahl gestellt, zwischen dem Besitz der endgültigen vollen Wahrheit und dem ewigen Streben nach der Wahrheit, will er demütig aus der Hand des Vaters lieber das ewige Streben nach der Wahrheit entgegennehmen, weil die Wahrheit selbst ihn als Menschen in seinen Kräften übersteigen muss. Auf hintergründige Weise ist dieser Begriff der vorläufigen Wahrheit, die immer falsifiziert werden kann, durch Raimund Popper für die Theorie der modernen Naturwissenschaften wieder in Anspruch genommen worden.

5. Die Personen

Die Personen in Gides Parabel sind keine Charaktere, sondern Personalmetaphern. Gottvater erscheint wie im Goetheschen Faust als allwissende Güte, die die Revolte des Sohnes verzeihen kann, weil sie sie vorausgesehen hat und die Keime dafür selbst in ihm anlegte. Die Auslegung seines Willens nimmt bereits der ältere Sohn in Anspruch. Dadurch erscheint er antropomorph als etwas trottelig.
Die autoritäre Anmaßung gehört zum typischen Klischee des älteren Bruders in der Stufenpsychologie der Familie. Ihr entspricht komplementär das Bild des rebellischen Jüngeren, dessen pubertärer Trotz in seiner Lektüre und seinem Umgang bereits den Rand der Familiengemeinschaft aufgesucht hat.
Die Person der Mutter ist rührend in ihrer vorbehaltlosen Liebe und Sorge um das familiäre Glück aller Kinder. Allerdings scheint ihr Verständnis für die besondere Problematik des verlorenen Sohnes eher pauschal. Die familiäre Integration ist bei ihr umfassend und unerschütterlich.

6. Historische Einordnung

Die Kulturmüdigkeit, die Oswald Spengler im Titel seines Buches vom „Untergang des Abendlandes" ausdrückt, war offensichtlich um die letzte Jahrhundertwende ein gesamteuropäisches Phänomen. Wie die Jugendbewegung des „Wandervogel" in Deutschland hat André Gide in seinem Buch „Les Nourritures terrestres" ein neues Ideal der schlichten Naturverbundenheit gefeiert. Simone de Beauvoir berichtet von den Anfängen eines katholischen Volksbildungswerks ebenso wie vom Terror faschistischer Studenten aus der „Action Française".
In der Umwertung aller Werte, die nach dem zweiten Weltkrieg auch in Frankreich die junge Generation bewegte, waren vor allem die Autoren der „Nouvelle Revue Française", Gide, Claudel, Barrès und Valéry weltanschauliche Leitfiguren. Simone de Beauvoir charakterisiert sie als Autoren der „Inquiétude" und bezeichnet damit genau die Position des verlorenen Sohnes. Entwurzelt zwischen Herkunft und Zukunft, hätten sie die permanente Entwurzelung als ihre Haltung angenommen mit dem einzigen und rein formalen Ideal der unbedingten Aufrichtigkeit vor sich selbst. Fast identisch ist die Formulierung, die das Programm

der Deutschen Jugendbewegung zur Selbstfindung des Individuums definiert und in der Philosophie hat das Verbleiben im Dauerkritizismus gegenüber der Gesellschaft durch die Frankfurter Schule bis heute überlebt.
Simone de Beauvoir hat ebenfalls schon früh die Haltung der „inquiétude" als eine Form erkannt, in der ihre Generation die bürgerliche Verfassung der Gesellschaft zu retten versuchte, zu einer Zeit, als die Problematik der sozialistischen Revolution immer bedrängender wurde. Als heimatlose Intelligentzia bezeichnete man in Russland die Gruppe junger Intellektueller, die ihre bürgerliche Herkunft hinter sich gelassen hatten, ohne aber noch in der neuen sozialistischen Gesellschaft Fuß fassen zu können.

Vol de Nuit (1931)
Antoine de Saint-Exupéry

1. Leben und Werk

Antoine de Saint-Exupéry (1900–1944) ist in Lyon geboren. Für seine spätere Laufbahn scheint charakteristisch, dass er zweigleisig die Ecole Navale und die Ecole des Beaux-Arts besuchte. Durch seinen Militärdienst wird er jedoch Flieger und am Ausbau der Linien Toulouse – Dakar und Toulouse – Buenos Aires unmittelbar beteiligt. Als Flieger findet er auch den Tod im Kriege.
Wegen seiner Begeisterung für die neue Erfahrung des Fliegens hat man ihn neben Spieler- und Kämpfertypen wie Hemingway oder Montherlant gestellt, etwa als Vertreter eines heroischen Individualismus in der technisierten Moderne. Dem widerspricht aber seine ausdrückliche Kritik am Ideal des Matadors und vor allem die Haltung, die er immer vom Menschen im Kampf mit den Naturgewalten fordert, die nüchterne Rationalität. Er verurteilt jedes Risiko des eigenen Lebens, das nicht im Zusammenhang einer sozialen Verantwortung übernommen wird.
Seinen Fliegerberuf sieht er freilich als einen besonderen Glücksfall an, weil er ihn immer wieder in die Ausnahmesituation gestellt hat, die den Menschen über sich selbst hinausfordert. Als Flieger hatte Saint-Exupéry auch schon früh den Blick auf die Erde, den die Astronauten in unseren Tagen so großartig bestätigten: dass unsere Welt im interplanetarischen Raum unendlich klein, als Lebensgrund für organische Existenz und denkende Wesen aber ein immenser Glücksfall ist. Das bleibt für ihn das eigentliche Wunder des menschlichen Lebens, um das sein Denken kreist.

2. Inhaltswiedergabe

Die Flugverbindung von Santiago de Chile über Buenos Aires und Rio de Janeiro nach Madrid und Frankfurt wird heute von der nationalen chilenischen Fluggesellschaft LANC wahrgenommen. Der Nachtflug brachte zu Anfang dieses

Jahrhunderts eine wichtige Neuerung für den Postverkehr, weil die Fluglinie den Vorsprung, den sie tagsüber vor der Eisenbahn und dem Seeweg gewann, durch die nächtliche Unterbrechung wieder verlor. Die Navigation war noch immer auf unmittelbare Sicht von oben angewiesen und nachts bei schlechter Witterung lebensgefährlich.

In der Gestalt des Flugdirektors Rivière stellt der Autor den Mann dar, dessen Lebenswerk das Netz der Postverbindungen ist, die in Buenos Aires von Chile, Paraguay und vom Süden Argentiniens her zusammenlaufen und dann nach Europa weiterführen. Bei einem Flugunglück durch nächtliche Navigation muss er die Polemik der konkurrierenden Unternehmen fürchten. Eben dieses Unglück geschieht, doch Rivière hält auch nach dem Rückschlag an seinem Projekt der ununterbrochenen Flugverbindung fest.

Die Erzählung beginnt mit der Zwischenlandung des Flugkapitäns Fabien in San Julian. Bis hierhin hat er bereits die Post aus dem äußersten Süden Patagoniens befördert. Er entscheidet sich für den nächtlichen Weiterflug nach Buenos Aires, weil alle Wetterberichte der Funkstationen unauffällig sind. Nur sein Bordfunker meldet ihm starke Gewitterstörungen im eigenen Gerät.

Die Post von Santiago de Chile ist bereits in Buenos Aires gelandet. Fabiens Kollege Pellerin hatte jedoch über den Anden ganz ungewöhnliche Turbulenzen zu überstehen, die hinter ihm auch die Bergkette nach Osten hin überqueren und bis zum Atlantischen Ozean die Ebene unsicher machen. Die Post von Paraguay kommt ohne jedes Problem am Ende der Erzählung an und übergibt zur Weiterfahrt nach Rio und Europa.

Fabien gerät eine Flugstunde nach San Julian in das Unwetter. Da ihm der Rückweg ebenso versperrt ist wie die Sicht nach vorn, versucht er, im Blindflug unter der Wetterfront durchzukommen. Er hält eine Flughöhe von 700 Metern ein, weil ihm seine Karte Hügelformationen in Höhe von 500 Metern anzeigt. Als er wenig später eine Leuchtrakete abfeuert, muss er jedoch feststellen, dass der Sturm ihn nach Osten über das Meer abgetrieben hat. Er nimmt daher Gegenkurs nach Westen auf und zieht sein Flugzeug bis über die Wolkendecke hoch.

Er hat jetzt nur noch für dreißig Minuten Treibstoff und die Orientierung ist trotz des Mondlichts und des wiedergewonnenen Funkkontakts durch die Wolkendecke so unmöglich wie vorher. Die Bodenstationen, die inzwischen über den ganzen Kontinent hinweg in Telefonverbindung stehen, können Fabiens Schicksal nur noch ohnmächtig per Funk verfolgen und stellen schließlich sein endgültiges Verstummen fest.

Der Flugdirektor hat alles in seiner Macht Stehende versucht, das Bitterste muss er jedoch in der Unterredung mit Fabiens Witwe hinter sich bringen. Trotz allem wird der Weiterflug nach Europa auch ohne die Post aus Patagonien ausgeführt. Rivière will die Strecke, deren Trasse er einmal gebahnt hat, auch zu Ende führen. Er ist sicher, dass die Einrichtung des Nachtflugs in der Entwicklung der Dinge unausweichlich ist. Das Risiko des Menschenopfers nimmt er in Kauf aus dem Grunde, der auch heute noch das Fliegen umso sicherer macht, je mehr Flugstunden ein Pilot hinter sich brachte.
Gesetzmäßigkeiten können erst aus der Erfahrung des Experiments ersichtlich werden und nicht vorher. Das Unglück war offensichtlich durch eine Lücke in der Vorausberechnung aller Gefahrenmomente bedingt, hat aber andererseits die Lücke erst sichtbar gemacht. Rivière denkt bereits an zusätzliche Wetterstationen im Westen entlang der Cordillere.

Strukturplan

Kapitel	Arbeitstitel		Erläuterungen	Seite*
I	1 rade 2 orages 3 bonheur 4 carlingue 5 lampe		escale **Start Fabiens** avion	17/18 18/19 20/21 22–24 25/26
II	1 action 2 Leroux		Charakteristik Rivières	27–30 30–32
III	1 fête 2 visage des choses		Ankunft Pellerins	33–35 35–39
IV	1 messagers 2 cyclone 3 inspecteur		erste Andeutung der Wetterlage	41/42 43/44 44–50
V	1 Robineau			51–54
VI	1 zèle 2 voûte 3 géologie 4 rôle 5 secours		Charakteristik Robineaus	55–57 57/58 58–60 60–64 65/66
VII	1 orage 2 épaules		**Erste Konfrontation** (Fabien)	67–69 69/70

VIII	1 solitaire 2 secrétaire		71–73 73–80
IX	1 Roblet		79–88
X	1 jeune dieu	Rivières Philosophie	89–95
XI	1 peur 2 evènements 3 pente naturelle		97–99 99–101 101–104
XII	1 demi-tour 2 aveugle	**Beginn des Blindflugs**	105–109 109–111
XIII	1 drame 2 cyclone 3 oasis	Rivières Position zur Konkurrenz	113–116 116–119 119/120
XIV	1 lampe 2 pont 3 temple	Rivières Position zur Witwe Fabiens	121–127 127–129 129/130
XV	1 antenne 2 la mer 3 les mains	**Fabiens letzte Anstrengungen**	131–133 133–135 135–137
XVI	1 limbes	**Fabiens Verstummen**	139–143
XVII	1 essence		143–145
XVIII	1 étang 2 trésor	Rivières Reaktion	147/148 148–149
XIX	1 Robineau 2 bonheur 3 le vide	Rivière und Mme. Fabien	151/152 152–156 156–159
XX	1 fantômes 2 silence 3 ordre	Wiederaufnahme der Arbeit (Rivière)	161–162 162–164 162–164
XXI	1 Robineau	Solidarität des Subalternen	167–171
XXII	1 le jeune fauve	Souveränität des Fliegers	173–176
XXIII	1 la vie	Fortschritt und Leben	177/178

* Seitenzahl nach der Ausgabe Livre de Poche, Paris, Gallimard, 1970

3. Aufbau

Die Erzählung hat 23 Kapitel, sie ist strukturiert durch die Flugzeiten der Postmaschinen. Der Pilot Pellerin kommt aus Chile bereits im dritten Kapitel an; der namentlich nicht genannte Flugkapitän aus Paraguay übergibt im 22. Kapitel an den Anschlussflug nach Europa. Der Unglücksflug des Fabien hat vier Abschnitte. Er setzt mit dem ersten Kapitel ein. Im siebten zeigen sich erste Turbulenzen und im zwölften meldet er, dass er nur noch blind fliegen kann. Das fünfzehnte, sechzehnte und siebzehnte Kapitel schildern seinen aussichtslosen Kampf.
Die dazwischenliegenden Kapitel dienen jeweils der Charakteristik der Personen. Erst vom 12. Kapitel an werden sie in die akute Dramatik der Handlung hineingezogen. Diese Personen sind: Rivière (Kap. 2), Pellerin (3,4), Robineau (5,6); Rivière (8,9,10,11; 13,14; 18,19,20,21). Die Frauen der Flieger kommen im Kapitel 10 vor sowie im Kapitel 14 und 19.

4. Kernaussage des Werks

Saint-Exupéry reflektiert in dieser Schrift über die Problematik von persönlichem Glück und sozialer Rolle – „bonheur" und „action".
Anlass dazu ist der Tod eines Fliegerkollegen. Es geht also nicht um die unproblematische Harmonisierung der beiden Prinzipien im normalen bürgerlichen Leben, die ja nur im Falle der Übertreibung auf einer der beiden Seiten misslingen kann. Es geht um Menschen, die durch ihren Beruf in eine Extremsituation gestellt sind.
Der mit Rivière befreundete Ingenieur stellt bei einem Arbeitsunfall während eines Brückenbaus die Frage, ob die Zerstörung eines menschlichen Gesichts überhaupt durch irgendeine Brücke gerechtfertigt sein könnte. Damit ist eine viel umfassendere Dialektik berührt, die das 20. Jahrhundert bei der Beurteilung der revolutionären Veränderung unserer Gesellschaft bewegt hat, nämlich die von Realität und Abstraktion. Zumal die existentialistischen Philosophen haben dafürgehalten, dass das Leben eines einzigen Individuums als konkrete Realität unendlich viel kostbarer ist als die unendlich entfernte und darum vielleicht für immer utopische Realität einer zukünftigen, wenn auch idealen Verfassung der Menschheit.

Saint-Exupéry argumentiert jedoch nicht von dieser Extremsituation her. Im Falle der Revolution und noch akuter im Falle des Krieges ist die Wahrscheinlichkeit des Menschenopfers einseitig hoch auf Seiten des Risikos, wie andererseits die tägliche Pflichterfüllung im bürgerlichen Leben die beste Chance der normalen Glücksverwirklichung bietet. Der Flieger hat indessen eine Pflichterfüllung unter erhöhtem Risiko. Dieses Risiko versucht der Direktor der Fluglinie zu reduzieren durch maximale Vorausberechnung der Situation und maximale Disziplinierung des Personals bis zur Ungerechtigkeit. Es ist das Risiko, ohne das zivilisatorischer Fortschritt in den menschlichen Lebensbedingungen nicht möglich wäre und das bei gewissenhafter Beobachtung der Rationalität gerade im Sinne der Glücksverwirklichung aller Menschen in Kauf genommen werden kann.

5. Die Personen

Rivière gehört in der Alternative „amour – action" eindeutig auf die Seite der Glücksverwirklichung durch den Beruf. Liebe und Familie sind ihm eine Perspektive für die Zeit, in der er einmal zur Ruhe zu kommen hofft. Ruhelosigkeit ohne jede Ablenkung ist aber gerade sein innerstes Wesen und Ruhebedürfnis das erste Symptom des nahenden Alters. Er braucht die Aufgabe, die er sich gestellt hat, und diese erfüllt ihn ganz. Er versteht die eigene Person am besten im Beispiel des unverheirateten Mechanikers Leroux, der seit vierzig Jahren in seiner Arbeit aufgeht und bei kunstgerechter Fertigstellung eines Werkstücks eine volle Befriedigung empfindet.
Diese Befriedigung ist dem Inspektor Robineau versagt, weil er als Kontrolleur immer nur negative Erfolgserlebnisse haben kann. Auch sein Familienleben ist nicht glücklich, einzig das mineralogische Hobby gibt ihm eine kleine Ersatzerfüllung. Rivière hat ihn nur zu dem Zweck bestellt, Schwachstellen im technischen System und Nachlässigkeiten der Mitarbeiter aufzudecken. Die unbedingte Durchsetzung des Reglements nimmt Ungerechtigkeit in Kauf und geht bis zur Schikane.
Rivières Absicht ist dabei, die Menschen durch ständige Überforderung zur Höchstleistung zu bringen, aber das ist nur die psychologische Seite. Im Kampf gegen die Naturgewalten kann der unwägbare Zufall nur eingegrenzt werden, wenn die Vorausberechnung nicht nur mit hoher Rationalität, sondern auch mit extremer Wachsamkeit für alle Faktoren des Kalküls arbeitet.

Die Frauen, die in der Erzählung vorkommen, sind ausnahmslos auf die Glücksverwirklichung im häuslichen Kreise festgelegt. Keine von ihnen stellt die Selbstverwirklichung des Gatten in dem gefährlichen Beruf in Frage. Die Ehen sind durchweg noch jung und Kinder treten nicht auf. So sieht man sie meistens in bangen Wartesituationen am Telefon. In der Begegnung mit der Witwe Fabiens muss Rivière jedoch die familiäre Glücksverwirklichung als absolut berechtigten Gegenpol seiner Existenzform anerkennen.
Die Personen der Flieger sind durch ihre Funktion definiert und haben zumeist kein ausgeprägtes Charakterprofil. Pellerin, der von einem schweren Flug zurückkommt, zeigt gegenüber Berufsfremden eine ungewollte, aber typische Verschlossenheit. Der junge Pilot, der die Post zur Weiterbeförderung nach Europa zugleich mit der Nachricht empfängt, dass Fabien vermisst ist, steigt lachend in seine Maschine, weil er sich erinnert, dass einer vom Bodenpersonal – Rivière selbst – ihm Angst unterstellt hat. Allerdings wird er vom Autor auch als junger Löwe, und davor sogar als junger Gott bezeichnet.

6. Historische Einordnung

In der Literatur vor Saint-Exupéry existierte die Welt der Technik und der Verkehrsverbindungen nur in den Zukunftsromanen von Jules Verne. Als Autor der Belle Epoque kann dieser noch spielerisch mit seinem Thema umgehen. Saint-Exupéry stellt die Frage nach dem Sinn des menschlichen Handelns zwischen zwei Kriegen mit philosophischem Ernst. Die hintergründigste und zugleich modernste Antwort findet sein Protagonist Rivière nach der Unterredung mit der jungen Witwe Fabiens. Wir müssen als Menschen in unserem Handeln einen Sinn sehen, weil sich sonst plötzlich das Nichts auftut, das uns umgibt. Einen Sinn bekommen unsere Handlungen, wenn sie am Allgemeinen teilhaben oder am Nutzen für die Allgemeinheit. Darum kann sich der Gärtner, den Saint-Exupéry in seinem Buch „Terre des Hommes“ sprechen lässt, auch im knechtischen Druck der äußersten Mühe frei fühlen.

L'Etranger (1942)

Albert Camus

1. Leben und Werk

Albert Camus (1913–1960) stammt aus einfachen Verhältnissen, verliert, eben auf der Welt, seinen Vater durch den Krieg von 1914–18. Er geht in Algier zur Schule und studiert Philosophie, besonders Plotin und Augustinus, afrikanische Philosophen wie er selbst mit griechischer und christlicher Tradition. Seine Liebe gehört schon früh dem Theater. Er adaptiert und inszeniert Texte von Dostojewski, dessen „Idiot" ihm auch den Titel für den Roman „L'Etranger" geliefert hat.

Während des Krieges ist er in der Résistance und später Chefredakteur des „Combat". Als sich Algerien in einem langen und leidvollen Kampf von Frankreich löst, engagiert er sich noch einmal, um die zwei Völker zu versöhnen, die in dem afrikanischen Land nach seiner Überzeugung eine Einheit bildeten. Diesmal sah er sich mit einer Erfahrung konfrontiert, die seit dem Essay „Der Mythos von Sisyphus" (1942) der Kern seiner Philosophie war. Die Ereignisse entwickeln eine eigene Dynamik, die nicht mehr durch die Logik des Menschen gebändigt werden kann, weil die Wirklichkeit nicht nach den Gesetzen der menschlichen Vernunft eingerichtet ist. Im Leben muss man daher immer die Sinnlosigkeit zu ihrem Teil akzeptieren.

Die Autonomie des Menschen in der Welt aber hat sich zu behaupten gegen die Mächte, die den Sinn seiner Existenz in Frage stellen, das sind einerseits die Idee Gottes und der Selbstmord, andererseits die Geschichte und der Mord.

2. Inhaltswiedergabe

Meursault ist ein kleiner Büroangestellter in Algier mit Schulbildung, aber ohne ausgeprägten Ehrgeiz. Er lebt in eher bescheidenen Verhältnissen in einem Vorort, ohne jedoch etwas zu vermissen. Seine Mutter musste schon lange in einem staatlichen Altersheim versorgt werden, weil er die Pflegekosten nicht selbst tra-

gen kann. Er ist nikotinabhängig und ermüdet bei Hitze schnell. Bei der Beerdigung seiner Mutter zeigt er eine auffällige Lichtempfindlichkeit.
Den Tag nach der Beerdigung verbringt er mit seiner Freundin Marie am Strand und den Abend im Kino. Seine Nachbarn im Hause sind der Rentner Salamano und Raymond Sintès, ein Jude, dessen berufliche Verhältnisse nicht recht klar werden. Dieser hat eine Geliebte aus arabischer Familie, von der er sich hintergangen glaubt. Er will ihr eine Falle stellen und bittet Meursault, einen Brief für ihn aufzusetzen. Es kommt im Hause zu einer Prügelszene und zum Eingreifen der Polizei. Meursault kann jedoch für Sintès aussagen und dieser wird nur verwarnt.
Aus Dankbarkeit lädt er ihn und Marie zu einem Wochenende in das Strandhaus des Freundes Masson ein, der mit seiner Frau dort ein Essen gibt. Dabei trinkt Meursault zuviel. Beim Mittagsspaziergang am Strand tauchen zwei Araber auf, von denen der eine der Bruder der Geliebten Raymonds ist. Sintès schlägt ihn nieder, wird aber an Arm und Oberlippe von dessen Messer getroffen. Die Araber ziehen sich zurück, doch, nachdem seine Verletzungen versorgt sind, will Sintès sich rächen. Meursault gelingt es, ihm den Revolver abzunehmen, die Araber ziehen sich wieder zurück und auch Sintès geht zu Masson und den Frauen.
Meursault bleibt am Strand, weil er der zu erwartenden Aufregung der Frauen ausweichen will. Es wird ihm alles zuviel und die grausame Hitze lässt ihn zu einer Quelle in den Felsen zurückkehren. Dort trifft er auf einen der beiden Araber.
Er hat Kopfschmerzen, Durst peinigt ihn und vor allem die unerträgliche Lichteinstrahlung. Schweiß läuft ihm in die Augen und bei einem Schritt vorwärts blendet ihn unversehens der Araber mit seiner Messerklinge. Er schießt in einem Zustand panischen Außersichseins einmal und, wie zur endgültigen Befreiung, fatalistisch noch viermal danach.
Meursaults Tat hat kein Motiv, sondern nur physische Ursachen. Sowohl der Untersuchungsrichter als auch sein eigener Anwalt brauchen aber psychologische Begründungen für und wider. Es werden daher Indizien aus seiner ganzen Umgebung zusammengetragen und zumal dem kurz voraufgegangenen Auftritt im Altersheim seiner Mutter. Was lediglich Übermüdung war, sieht jetzt wie Gefühlskälte aus. Auch die unbedeutendsten Umstände bekommen im Lichte seiner Tat nachträglich ein belastendes Gewicht. Trotzdem kann sich alles nur auf das Verhältnis zu seiner Mutter beziehen und hat mit dem anstehenden Mordfall sachlich nichts zu tun.

Es gelingt aber der Imponierprosa des Staatsanwalts, die Geschworenen von der untermenschlichen Amoralität des Angeklagten zu überzeugen. Er macht ihn zum moralischen Muttermörder und zum potentiellen Vatermörder. Zufällig steht als nächster Fall vor dem Gericht ein realer Vatermord zur Verhandlung. Die Brücke zu Meursault ist schnell geschlagen durch die Gefährdung des Gemeinwesens, die die Justiz bei etwaiger Toleranz gegenüber den Anfängen der Verrohung selbst verschulden würde.

Meursaults Anwalt bringt dagegen die Argumente vor, die ein gutes Verhältnis zur Mutter wie zu allen Mitmenschen beweisen sollen, sich also auch nicht auf die eigentliche Mordursache beziehen, sodass Meursault sich allmählich ganz aus der eigentlichen Diskussion ausgegrenzt fühlt. Seine eigene Stellungnahme, die Sonne sei im Grunde an allem schuld, muss in dieser Situation grotesk erscheinen, obwohl sie endlich eine wahre Aussage zur Sache ist. Die Zeugen Céleste und Raymond, die ungeschickt zwar, aber doch in gleicher Richtung auf den Zufall oder den Unglücksfall hinweisen, werden überhört. So kommt es zum Schuldspruch der Geschworenen.

Meursault wartet danach auf die Entscheidung über sein Gnadengesuch, das der Anwalt aus taktischen Gründen für das bessere Rechtsmittel hält als die Berufung, weil für diese ja entscheidende neue Fakten in der Sachlage fehlen. Die Haft dauert inzwischen ein Jahr und das Verfahren hat ihm die Diskrepanz zwischen dem Begriffsgebäude der Justiz und der wirklichen Situation gezeigt, in der ja nur er stand. Das Urteil, das zu seinem Tod führt, erscheint ihm in höchstem Maße zufällig, sein daraus folgender Tod dagegen mit zwanghafter Notwendigkeit durch die Justiz der Menschen festgelegt.

In langen Nächten der Todesangst und der Reflexion kommt Meursault trotzdem mit sich ins Reine. Er begreift den Tod als Schicksal, zu dem letztlich alle Menschen verurteilt sind. Die Lebensfrist, die er als Schuldiger früher sterben muss, akzeptiert er als den Preis, den er zu zahlen hat. Der Gefängnisgeistliche kann ihn mit seinen Argumenten nicht Neues lehren, weil er den Jenseitsglauben zur Bewältigung der menschlichen Kontingenz nicht anerkennt. Er hat sich nie selbst etwas vorgemacht und will das jetzt zu seinem Trost auch nicht. Er versteht seine Mutter, die statt dessen auch den Augenblick des verrinnenden Lebens noch als Neuanfang ergriffen hat. Er stellt sich der Wahrheit, dass seine individuelle Existenz in den Kreislauf der Stoffe eingehen muss und dass die einzige Form des Überlebens in dieser Welt die biologische in den Nachkommen und die geistige in deren Gedächtnis ist.

Strukturplan

Teil I	Abschnitt, Arbeitstitel	Erläuterungen		Seite*
Kapitel I (L'Enterrement)		**Symptome bei Meursault**	**Indizien der Anklage**	
	1 patron			9/10
	2 Emmanuel			10
	3 autobus	„réverbération"		11/12
	4 directeur		asile	11–13
	5 concierge	*„lumière"*	cigarette	13–18
	6 amis		„j'ai sonmolé" café	18–21
	7 Perez		„voir votre mère?"	21–29
	8 infirmière	„pas d'issue"		29/30
II (Marie)	1 Marie			31–34
	2 dimanche			34–39
III (Les Voisins)	1 Emmanuel			40–42
	2 Salamano			42–44
	3 Sintès		*lettre*	44–52
IV (La Mauresque)	1 Marie			53/54
	2 police		„pas intervenu"	55–59
	3 chien			59–61
V (Le Bonheur et le petit bonheur)	1 Paris			62–64
	2 mariage			64–66
	3 automate			66/67
	4 chien			67–70
VI (Le Malheur)	1 Arabes		témoignage de complaisance	71–74
	2 Masson			74/75
	3 Marie			75–77
	4 soleil			77/78
	5 couteau			79–81
	6 revolver	*hasard*		81–84
	7 source	*hasard*		84/85
	8 brûlure	*„besoins physiques"*		85/88

Teil II	Abschnitt, Arbeitstitel	Erläuterungen		Seite*
I (L'Anté-christ)	1 avocat	**besoins physiques**		91–95
	2 juge	insensibilité/5 coups		95–98
	3 crucifix	âme endurcie		98–101
	4 Antéchrist	„le juge ne s'intéressât plus"		101–102
II (La Prison)	1 Marie			103–109
	2 plage	les Arabes compagnons		109/110
	3 désirs			110/111
	4 cigarettes			111/112
	5 souvenir			112/113
	6 sommeil			113
	7 **Tchécos-lovaque**			113/114
	8 le temps			114–116
III (Les Témoins)		**Témoignages**		
		Pour –	*Contre*	
	1 tramway			117–119
	2 journalistes			119–121
	3 témoins			121–124
	4 interroga-tigatoire	**hasard**		124–126
	5 directeur		asile, calme, „voir maman"; pas pleuré, sa tombe, l'âge de maman *(regard triomphant du procureur)*	126/127
	6 concierge		„vu maman", cigarettes, café, „dormi"	128/129
	7 Thomas Pérez	*(triomphe de l'avocat)* „pleuré" *(rire du public)*	„non pleuré"	129/130
	8 Céleste	malheur		130–132
	9 Marie		liaison irrégu-lière, bain, film comique	132–134
	10 Masson, Salamono	„bon pour son chien", asile		134

Teil II	Abschnitt, Arbeitstitel	Erläuterungen	Seite*
III	11 Sintès	**hasard** – lettre, témoignage, complice	134–137
	12 la ville	*(triomphe de* **monstre moral** *l'avocat, rire du public)*	137/138
IV (La Défense)		**Reaktionen Meursaults**	
	1 affaire en dehors de moi	„tenté d'intervenir"	139–140
	2 préméditation	**Anklage** „J'étais toujours pris par ce qui allait arriver"	140–143
	3 vide du cœur	„le soleil"	143–146
	4 fils modèle	„me réduire à zéro"	146–148
	5 circonstances atténuantes	„un marchand de glaces"	148/149
		Verteidigung	
	6 pourvoi en grâce	„cassation"	149–151
V (La Mort)	1 mécanique	Reflexion der Todesstrafe	152–154
	2 exécution		154/155
	3 pénalité		155–157
	4 guillotine		157/158
	5 aube	Akzeptation der „Ordnung der Dinge"	158/159
	6 pourvoi		159–161
	7 Marie		161/162
	Argumente des Geistlichen	**Meursaults Antworten**	
	8 Dieu	„sans importance"	162 /163
	9 désespoir	peur	163
	10 tous condamnés	aucune consolation, pas la même chose	164
	11 *mourir tout entier*	*„Oui"*	165
	12 péché	coupable	165/166
	13 visage de Dieu	visage de Marie	166/167

Teil II	Abschnitt, Arbeitstitel	Erläuterungen	Seite*
V	14 autre vie	„Une vie où je pourrais me souvenir de celle-ci".	167/168
	15 *cœur* aveugle	cette vérité, *sûr de moi*	168/169
	16 certitude	cheveu de femme	169
	17 Dieu	*un seul destin*	170
	18 *la tendre indifférence des choses*		171/172

* Seitenzahlen nach der Ausgabe Gallimard, Paris, 1942

3. Aufbau

Der Roman erzählt eine Kriminalgeschichte in zwei Teilen: die Entwicklung der Tat und ihre Verhandlung vor Gericht. In der ersten Hälfte bilden das erste und das letzte Kapitel besondere Schwerpunkte. Zu Beginn schildert der Täter in der Sprechhaltung des Tagebuchs die Beerdigung seiner Mutter, die später für die psychologische Einschätzung seiner Person vor Gericht entscheidend wird. Am Schluss steht der Tathergang, der bei unvoreingenommener Betrachtung den Angeklagten entlastet.

Die vier dazwischenliegenden Kapitel sind eine Selbstdarstellung Meursaults in seinem Milieu und seiner Wesensart. Im dritten Kapitel beginnt mit dem Brief, den er für Sintès aufsetzt, seine Verwicklung in das Unglück: das vierte schildert die Prügelszene, die für die arabischen Brüder den Anlass zur Rache gibt. Das fünfte Kapitel zeigt vor dem Einbruch des Schicksals im nächsten wie ein glücklicher Lebenshorizont in der Ehe mit Marie als Filialleiter in Paris hätte aussehen können.

Im zweiten Teil des Romans steht am Anfang und am Ende jeweils ein Vertreter des christlichen Glaubens. Der Untersuchungsrichter im ersten Kapitel ist der eigentlich Verantwortliche für den Justizirrtum, weil er, voreingenommen durch Meursaults Agnostizismus, die Verhandlung von Anfang an auf das Gleis der moralischen Motivation lenkt. Höhepunkt ist im Schlusskapitel die Auseinandersetzung Meursaults mit dem Problem des Todes in Gegenwart des Gefängnisgeistlichen.

Im zweiten Kapitel reflektiert Meursault den seelischen Übergang, den er als freier Mann in die Befindlichkeit des Gefangenen machen musste. Von Bedeutung ist seine Bemerkung, dass die Mehrzahl seiner Leidensgefährten Araber sind – als Moslems weitere potentielle Opfer der ideologischen Klassenjustiz, wenn nicht der sozialen Verhältnisse. Die Reportage des Mordfalls in der Tschechoslowakei lässt ihn auch zum Bewusstsein seiner eigenen Beteiligung an seinem Schicksal kommen: „il ne faut jamais jouer". Diese Thematik sollte Camus in seinem Drama „Le Malentendu" wieder aufnehmen.
Die Zeugenvernehmung im dritten Kapitel nimmt den breitesten Raum ein. Die bombastisch moralisierende Rhetorik des Staatsanwalts dominiert die ganze Verhandlung, doch zielt seine Argumentation stets nur auf die Person des Angeklagten und nicht auf die Sache. Der Einzige, der das merken kann, ist als ein Fachkollege der Verteidiger. Daran zeigt sich der Skandal dieses Verfahrens: die Geschworenen als Laien werden überrumpelt statt informiert zur objektiven Urteilsfindung.
Das vierte Kapitel bringt die Schlussplädoyers und den Urteilsspruch. Auch Meursaults Anwalt argumentiert jetzt ausschließlich, wenn auch positiv, zu seiner Person, sodass dieser sich schließlich aus der ganzen Sache ausgegrenzt vorkommt und lieber auf den Ruf eines Eisverkäufers draußen in der Freiheit hört.
Das letzte Kapitel beginnt mit den Reflexionen Meursaults über die Todesstrafe. Seine Argumente wird Camus 1957 zusammen mit Arthur Koestler in die Polemik für die Abschaffung einbringen. In einem nächsten Abschnitt scheint Meursault sich mit seinem Schicksal abzufinden und mit dem Leben abzuschließen, ohne dass deutlich wird, wodurch er diese mächtige seelische Anstrengung bewältigt. Ob Meursaults Gnadengesuch abgelehnt wird, bleibt offen. Er besteht aber vor dem Gefängnisgeistlichen mit einer Absage an jede Selbsttäuschung durch Jenseitsglauben, dem Bekenntnis zur menschlichen Glücksverwirklichung in diesem Leben und der Anerkenntnis des Todes als letzter, aber auch einziger Norm, die dem Menschen in dieser Welt gesetzt ist.

4. Kernaussage des Werks

Bei Balzac hat Camus gelesen, dass die Wirklichkeit in sich keine Prinzipien und Regeln enthält, sondern nur Ereignisse und Begleitumstände. Erst die Interpretation des Menschen gibt den Tatsachen einen Sinn in der Richtung seiner Interessenslage. Solche Interpretationen sind für Meursalt die Liebe ebenso wie Gott oder die moralische Indifferenz, die ihm zur Last gelegt wird.
Er hat einen Mord begangen, dessen Erklärung den normgebenden Instanzen Recht und Religion nicht möglich ist, weil ihre Kategorien den Sachverhalt nicht fassen, sondern ihn lediglich auf ihr Begriffssystem umbiegen. Er hat vor dem sozialen Apparat der Justiz daher keine Chance. Entscheidend ist aber für ihn, dass gerade an der Absurdität dieser nicht angemessenen Erklärungen seiner Tat er selber zum vollen Bewusstsein seiner personalen Autonomie kommt, weil ja nur er in der vollen Wirklichkeit der Situation gestanden hat, aus der seine Tat hervorging. Dadurch erschließt sich ihm aber nicht nur die Erkenntnis der tendenziösen Verfälschungen, die die Richter seinen Erklärungen geben, sondern überhaupt die Ohnmacht aller Erklärungsversuche gegenüber der Absurdität der kausalen Verflechtungen, in denen wir als Menschen im Leben stehen.

5. Die Personen

Meursault ist ein Fremder in seiner Welt, weil er grundsätzlich nicht spricht, wenn er nichts zu sagen hat, und nur das sagt, was er sicher weiß oder wovon er selbst überzeugt ist. So erscheint es lieblos, dass er seine Freundin, zu der er eine leidenschaftliche Beziehung hat, zwar heiraten will, jedoch auf die Frage, ob er sie liebe, schlicht mit Nein antwortet. Das tut er aber, weil er im Grunde nicht sagen kann, was Liebe ist.
Sein Unglück mit der Justiz beginnt damit, dass er dem Untersuchungsrichter ebenso geradlinig seine Ungläubigkeit eingesteht. Für diesen ist der Glaube die Singgebung seiner Existenz. Meursault muss Unrecht haben, weil durch ihn der Richter in seiner ganzen Person in Frage gestellt ist. Nur weil er für seine verstorbene Mutter nicht die Gefühle heuchelt, die zum bürgerlichen Moralklischee von Mutterliebe und kindlicher Dankbarkeit gehören, wird er der unmenschlichen Gefühlskälte verdächtigt, die dann seine Tat aus gewissenloser Unmoral oder gar Mordlust verstehen lässt.

Die Künstlichkeit der Konstruktion lässt schließlich den Verdacht zu, dass Menschen, die über Todesurteile entscheiden, als Alibi vor dem eigenen Gewissen moralische Begründungen suchen müssen. Meursaults Hinweis auf die Sonne als Ursache des Totschlags scheint abwegig, enthält aber die Wahrheit, die er schon seinem Anwalt klarzumachen versuchte, ohne allerdings von diesem verstanden zu werden, dass nämlich seine physische Konstitution erfahrungsgemäß seine Gefühlsregungen dominiert.

Je enger das System der juristischen Logik ihn einschließt, desto weniger fühlt sich Meursault im Innersten betroffen. Er verliert allerdings die Haltung des nicht eigentlich verantwortlichen Zuschauers, mit der er den Beginn der Untersuchungen verfolgte, und merkt bald, dass es zur eigenen Verteidigung nicht genügt, sich darauf zu verlassen, dass die Wahrheit sich von selbst durchsetzt. Auch die Wahrheit bedarf in der Welt, wie sie einmal ist, der Hilfe der angemessenen Sprache.

Den Schlüssel zu seiner eigenen Geschichte liefert ihm schließlich die Reportage eines absurden Mordfalls in der Tschechoslowakei, von der er einen Ausschnitt in seiner Zelle findet. Der scheinbar entfernteste Grund für sein Unglück ist, dass er einmal glaubte, mit der Wirklichkeit spielen zu können, und als Briefsteller für Sintès an einer Fiktion mitmachte, die ihn im Grunde nichts anging. Genau an diesem Punkt sollte ihn, der sonst nur Realitäten gelten lässt, die Wirklichkeit einholen.

Die übrigen Personen des Romans sind als schlichte Mitmenschen Meursaults nicht gerade routiniert in der reflektiven Durchdringung ihrer Lebensverhältnisse. Vor Gericht scheinen sie alle von einer Ohnmacht der Sprache befallen zu sein. Die Juristen dagegen sind alle gewandt im sprachlichen Ausdruck, merken allerdings nicht mehr, in welchem Maße sie Gefangene im System ihres Fachjargons geworden sind.

6. Historische Einordnung

Die unmittelbare Mitwirkung von Dichtern am praktischen Geschäft des Politikers oder Diplomaten hat in Frankreich eine ältere und reichere Tradition als in Deutschland. Chateaubriand, Lamartine, Hugo, Claudel, Giraudoux, Malraux und Saint-John Perse sind nur die herausragendsten Namen. Seit Sartre und Camus gibt es jedoch den Begriff der „Littérature engagée“ und die grundsätzliche Forderung an den Schriftsteller, im politischen Geschehen Stellung zu beziehen.

1957 erhielt Albert Camus den Nobelpreis für Literatur. In seiner Rede aus diesem Anlass hat er die zwei Aufgaben bezeichnet, die nach ihm die Verpflichtung des modernen Schriftstellers ausmachen: der Dienst an der Wahrheit und der Dienst für die Freiheit. Er selbst hat nicht gezögert, sich dieser Pflicht zu stellen, als er während der Besetzung Frankreichs gegen den Nazismus kämpfte. Genau so wenig zögerte er, seine Bindung an die kommunistische Partei aufzukündigen, als die stalinistischen Verbrechen den gleichen Prinzipien Hohn sprachen.
Die Antwort auf eine Kritik von Jean-Paul Sartre umreißt am besten seine eigene besondere Position: „Wenn ich fände, dass die Wahrheit rechts ist, wäre ich ein Rechter." Dieser Satz bezeichnet auch den Bruch mit einem Freund, dessen politische Militanz erst die brutale Invasion der sowjetischen Armee in Ungarn erleben musste, um sich neu zu besinnen.

Mémoires d'une jeune fille rangée (1958)

Simone de Beauvoir

1. Leben und Werk

Simone de Beauvoir (1908–1986) ist Pariserin und seit dem Ende der zwanziger Jahren aus dem intellektuellen Leben der Stadt nicht mehr wegzudenken.
In der existenzialistischen Philosophie ist sie die hervorragendste Schülerin von Jean-Paul Sartre und im politischen Engagement wie im Leben bis zuletzt seine Gefährtin. Ihren eigenen Weg beginnt sie jedoch 1949 mit dem Werk „Le Deuxième sexe“ im Kampf für die Emanzipation der Frau. Die vier großen autobiografischen Romane, die sie in den folgenden Jahren schreibt, sehen aus wie eine Materialsammlung zu diesem Thema, haben ihr eigentliches Interesse aber in der Chronik der literarischen und politischen Szene der Hauptstadt. Auch für die anthropologische Theorie des Alters, die sie 1970 veröffentlicht, hat sie wie immer aus der Erfahrung des eigenen Lebens geschöpft.

2. Inhaltswiedergabe

Die Autorin erzählt hier ihre Lebensgeschichte von 1908 bis 1929 in vier Abschnitten, die Kindheit bis zum 10., ihre Jugend bis zum 17., die Studienzeit bis zum 20. und den Studienabschluss im 21. Jahr. Sie entwickelt dabei den Prozess ihrer Befreiung von der Obhut und Bevormundung der Eltern. Aus der Opposition gegen ihre Familie entsteht eine Kritik der bürgerlichen Gesellschaft, ihrer Moral, ihres Besitzstrebens und besonders der konventionellen Ehe.
Simones Mutter ist strenggläubige Katholikin aus einer lothringischen Bankiersfamilie, ihr Vater ist Skeptiker, aber ein unbedingter Verteidiger der Kirche als Institution und des Staates als Ordnungsmacht. Er sympathisiert darum mit der französischen Form des Faschismus in der Action Française. Das Kind wächst im sicheren Urvertrauen auf den Schutz der Eltern und der Kinderfrau Louise auf und übernimmt deren Urteile über Gut und Böse ebenso selbstverständlich wie später den von der Mutter streng geregelten Lektürekanon.

Eine charakterliche Besonderheit ist schon sehr früh bei ihr entwickelt. Das kleine Mädchen zeigt Anfälle von unbändigem Trotz, bis zur Hysterie, wenn es gilt, Befehlen zu gehorchen, hinter deren Formalismus sie keinen Sachzwang fühlt. Die erste soziale Rolle, die sie ergreift, ist die der Lehrerin für ihre jüngere Schwester. Das Berufsziel der Erzieherin steht schon hier für sie fest, weil, wie sie aus späterer Sicht meint, sie dabei ihren eigenen Charakter in einer anderen Person noch einmal ausprägen kann.

Manifest wird auch zu diesem Zeitpunkt bereits ihr beherrschender Charakterzug, ein starkes Selbstgefühl und die Gewissheit ihrer Besonderheit und Begabung. Diese ist auf rastlose Betätigung hin gespannt und auf Fortentwicklung ihrer Perönlichkeit, jedoch auch schon mit dem Bedürfnis, nützlich zu sein und teilzuhaben am sozialen Ganzen.

Die junge Simone ist kompromisslos. In der Entscheidung zwischen Gott und der Welt plant sie für die Zukunft eine klösterliche Existenz. Charakteristisch für sie bleibt aber auch eine extatische Erfahrung der Natur, wenn sie die Ferien auf dem Landgut ihres Großvaters oder Onkels verbringt. Eine erste Verunsicherung zeigt sich bei ihr während des Krieges durch die Diskrepanz, die das Mädchen zwischen den ideologischen Aussagen der Erwachsenen zum Geschehen und der hässlichen Realität des Leidens entdeckt.

Zur Zeit der ersten Kommunion und der einsetzenden Pubertät tritt die Schulfreundin Elisabeth – Zaza – in ihr Leben. Damit öffnet sich ihre totale Ichbezogenheit zum ersten Mal zu einem anderen Menschen hin und wird abhängig. Mit Zaza zusammen entdeckt sie die klerikale Borniertheit der Lehrerinnen ihres Instituts und bei diesen verdichtet sich der Eindruck, dass sie unter schlechtem Einfluss stehen.

In der Tat hat sie daheim längst zu anderen Lektüren Zugang und lebt auch gegenüber den Eltern nicht mehr im Verhältnis der schrankenlosen Offenheit.

Die Prüderie der Mutter belässt sie in völligem Nichtwissen über die Wirklichkeit der Sexualität; in die soziale Realität der Armut hat sie nur einmal einen Einblick beim Besuch der inzwischen verheirateten Kinderfrau. Sie lebt weiter in der idealen Welt ihrer Bücher. Umso erstaunlicher ist zu diesem Zeitpunkt ihr Abfall vom Glauben, der wie in einem Reifeprozess eines Tages als unmittelbare innere Erfahrung ergriffen wird. Diese Konversion zur Welt war zwar vorbereitet durch den immer schon gefühlten Skeptizismus des bewunderten Vaters und die Enttäuschung über die Unredlichkeit eines Vertreters der Kirche. Tiefere Ursache aber ist eine untrügliche innere Gewissheit und kompromisslose Entscheidungskraft. In einer Situation der Bezauberung durch die sie umgebende Natur fühlt sie, dass die totale Abwertung der Welt gegenüber der Transzendenz sich für sie in das Gegenteil gewendet hat. Der Gottesbegriff war von ihr so lange so sehr sublimiert worden, dass er letztlich jede konkrete Realität verlieren musste, eine Erfahrung, die sie später bei Nietzsche wiederfinden wird.

Der ersehnte Beginn des Studiums ist für Simone im doppelten Sinn eine Enttäuschung. Innerlich scheint die Kluft zwischen ihr und den Eltern bereits unüberbrückbar. Die Fortführung des Studiums zwingt sie aber noch auf Jahre zu einem Zusammenleben im engen Familienverband. Dadurch treiben die Gegensätze ins Unerträgliche.

Noch schlimmer ist aber, dass die anstelle der aufgegebenen Religiosität jetzt nacheinander ergriffenen Ideale sie letztlich nicht erfüllen, sodass das neue Leben schon nach einem Jahr in die Depression und Verzweiflung führt.

Zunächst wird Robert Garric, ihr Lehrer in französischer Literatur, zu ihrem bewunderten Idol. Das Gemeinschaftserleben im Krieg hat ihn die Idee der Versöhnung der Klassen im christlichen Sinne aufnehmen lassen. In den von ihm gegründeten *Equipes sociales* soll vor allem die Bildung an alle Schichten des Volkes herangetragen werden. Auch Simone gibt später Abendkurse für junge Arbeiterinnen, merkt jedoch bald, dass ihr Unterricht eigentlich mehr für Kontakte mit den männlichen Besuchern der Begegnungsstätte interessant ist. Bei allem Idealismus muss sie einsehen, dass zwischen der Arbeitswelt dieser Menschen und der Literatur des 19. Jahrhunderts Welten liegen.

Auch die Liebe, oder das was sie in ihrer Freundschaft zu Jacques Laiguillon zeitweise sehen will, erweist sich als Ersatzerfüllung und insofern als Enttäuschung. In ihrem Verständnis der Sexualität ist Simone ihrer Herkunft noch so weit verhaftet, dass sie die leibliche Liebe nicht getrennt von der seelischen akzeptieren kann. Es ist, als bewahre sie sich schon hier für die entscheidende Begegnung ihres Lebens mit Sartre. Ohne jede Erfahrung, bleibt ihr das Doppelleben von Jacques ständig ein quälendes Rätsel. Als älterer Freund erschließt er ihr mit der modernen Literatur eine neue geistige Sphäre und respektiert ihre Unerfahrenheit. Dass er außerdem in der Halbwelt der Bars sehr kompakte sexuelle Erfahrungen durchlebt, begreift Simone erst viel später. Die Eheschließung mit Jacques verbleibt jedenfalls im Stande des ewigen Projekts.

Unter den Schriftstellern der zwanziger Jahre identifiziert sich Simone vor allem mit André Gide, weil sie durch seine Haltung die eigene Lage bestätigt sieht. Er ist Exponent einer Generation, die durch die Kriegserfahrung verunsichert, die Familie und die Werte der Tradition in Frage stellt, nicht jedoch die eigene Klasse oder die Gesellschaft überhaupt. An die Stelle der alten Werte können sie

keine neuen setzen, entscheiden sich aber für das Ideal der unbedingten intellektuellen Redlichkeit sich selbst gegenüber. Sie verbleiben so im Dauerzustand der Selbstprüfung und der Kritik aller Werte, – „inquiétude" genannt.
Simone kommt am Beispiel von Jacques schon bald der Verdacht, dass die jüngere Generation in dieser Haltung letztlich nur für sich eine Überlebensform in der bürgerlichen Gesellschaft gefunden hat.
Marcel Arland veröffentlicht in diesen Jahren in der Nouvelle Revue Française einen Artikel über das neue „Mal du siècle", das seit der Romantik wieder aufgebrochen sei. Er stellt fest, dass eine Generation verzweifelt entdecken musste, dass es in dieser Welt bei Abwesenheit Gottes außerdem nur noch Beschäftigungen gebe.
Simone stellt sich dieser Wahrheit, kann sich jedoch nicht für das absolute Schweigen entscheiden, das Paul Valéry seinem M. Teste auferlegt. Sie fühlt in sich trotz allem eine unbändige Liebe zum Leben und auch zu ihrer literarischen Beschäftigung. Anstelle des verschlossenen Absoluten bleibt ihr die Suche nach ihrem innersten Selbst. Sie erkennt erst später, dass ihre Sinnsuche nicht gelingt, weil sie die Wirklichkeit bisher nur in Begriffen und in der geistigen Auseinandersetzung bewältigt hat.
Nur bei zwei Gelegenheiten wird sie von der Realität des Lebens berührt. Auf einer Wallfahrt ihrer Verwandtschaft nach Lourdes betrifft sie die unmittelbare Anschauung menschlichen Leidens zutiefst. Auch ein zweites Ereignis hat sie in ihrer Erinnerung sehr wohl bewahrt. Sie begegnet Simone Weil und hört von dieser den Satz, dass in der gegenwärtigen Situation in der Welt nur eine einzige Sache von Belang wäre, die Revolution, die endlich allen Menschen satt zu essen brächte. Unmittelbarer Anlass dazu waren die Nachrichten von der Hungersnot in China, die gerade die Welt erschütterten.
Darauf antwortet Simone de Beauvoir mit der neuen Sicherheit der erfolgreichen Examenskandidatin, dass die Menschen nicht so sehr das Glück wie einen Sinn in ihrer Existenz benötigten. Simone Weil antwortet ihr darauf nur, man sähe sehr wohl, dass sie in ihrem Leben noch nie Hunger gehabt hätte. So kann der Dialog zwischen den beiden Frauen hier noch nicht weitergehen. Mit den ersten persönlichen Erfolgen im Studium haben sich bei der Autorin jedoch nun auch neue interessante Bekanntschaften eingestellt, und zumal die Freundschaft wird zu einer Macht in ihrem Leben, weil Elisabeth Mabille – die Zaza der Schulzeit – sich ihr endlich in voller menschlicher Offenheit erschließt und zuwendet.
1929 ist Simones 21. Lebensjahr und das letzte ihres Studiums. Alle Frustrationen der vergangenen drei Jahre sind von ihr abgefallen. Dazu ist kein besonderes Ereignis, anscheinend gar kein äußerer Einfluss nötig. Ihr neuer Optimismus

erscheint wiederum wie das Resultat eines autonomen Reifeprozesses. Die Tatsache, dass sie sich mit dem Abschlussexamen ein Ziel gesetzt hat, genügt, um ihren unbändigen Arbeitswillen in Gang zu setzen. Allerdings sind es jetzt auch die Gegenstände – Philosophie und Literatur – die sie am meisten fesseln.

Wie eine einfache neue Entwicklungsstufe mutet es auch an, dass sie zum erstenmal ihre Weiblichkeit unverkrampft akzeptiert. Die alte Freundschaft mit Zaza vertieft sich weiter, neu geknüpfte mit Freunden Sartres eröffnen die glücklichsten Perspektiven. Von Jacques kann sie sich endgültig lösen, gleichzeitig verschließt sich ihr durch den Tod des Großvaters für immer Meyrignac, der Lieblingsaufenthalt ihrer Jugendzeit.

Mit dem Eintritt in den Freundeskreis um Sartre – Nizan und Herbaud – versinkt aber endgültig die Vergangenheit hinter ihr. Hier hat sie zum ersten Mal nicht nur ebenbürtige, sondern auch überlegene Diskussionspartner. Typisch für sie ist wieder, dass sie diese Überlegenheit fruchtbar macht, um für die eigene künftige Arbeit Zielsetzung und Methode zu klären.

Die letzten Kapitel sind den zwei Freunden gewidmet, die beide auf komplementäre Weise Opfer ihrer bürgerlichen Herkunft werden. Hier hat man zum ersten Mal den Eindruck, dass die strenge Autobiografie der literarischen Aussageintention Konzessionen macht. Jacques hatte sich über die bürgerliche Moral hinweggesetzt, ohne seine Klassenzugehörigkeit aufs Spiel zu setzen. Er gründet dann aber doch eine Familie im konventionellen Sinn. Diese Ehe scheitert, sein Unternehmen geht bankrott, er selbst verfällt dem Alkohol. Als Simone ihn nach zwanzig Jahren noch einmal trifft, ist er ein menschliches Wrack.

Zaza dagegen war dem katholischen Glauben immer treu geblieben und hatte sich aus Liebe zu ihrer Mutter familiären Zwängen unterworfen, auch wenn sie sie nicht akzeptierte. Mit dem ebenfalls gläubigen Pradelle meint sie endlich das Glück ihres Lebens gefunden zu haben, denn die Verbindung ihres Höchstanspruchs an die Liebe mit dem christlichen Sakrament der Ehe steht greifbar vor ihr. In dieser Situation, kurz vor der ersehnten Erfüllung, treten unvermutete Verzögerungen der Eheschließung auf. So war schon ihre erste große Liebe in der Jugend zerstört worden. Die hochsensible Zaza fürchtet, dass ihr Lebensglück gar nicht zustande kommt. Die Verzweiflung stürzt sie in eine geistige Verwirrung, deren wahrscheinliche neuro-sexuelle Ursachen im Dunklen bleiben. Die Ärzte stellen als Todesursache ein Nervenfieber und Hirnhautentzündung fest.

Strukturplan

Teil	Kapitel	Abschnitt	Arbeitstitel		Erläuterungen	Seite*
I	1	1	bébé	}	1908	9
		2	**abri**			9/10
		3	Louise		**première enfance**	10/11
		4	Tartine			11/12
		5	Charlotte			12–15
		6	Lili		4. Lebensjahr	15–17
		7	**haut mal**	}		17–22
		8	le Bien		5. Lebensjahr	22–25
		9	Cendri			25–28
		10	alphabet		**premières résistances**	28–31
		11	Désir		6. Lebensjahr	31–34
		12	nature		1913	34–36
	2	13	la guerre	}	1914	36–45
		14	papa		**la famille**	45–52
		15	**maman**		8.–10. Lebensjahr	52–59
		16	poupette		(6. Lebensjahr)	59–65
		17	richesse			65–67
		18	mort	}		67–69
		19	livres		**la vocation**	69–75
		20	**professeur**			75–79
		21	nudité		8.–10. Lebensjahr	79–85
		22	âge de raison		1918	85–91
	3	23	**oisiveté**	}	règle de vie	91–98
		24	le Christ			98–104
	4	25	éternité			104–112
	5	26	inconvenant	}	1919 1re communion	113–121
		27	élite		10. Lebensjahr	121–125
		28	amour			125–131

II	1	1	poupette		(1920)	135–138
		2	âge ingrat		14. Lebensjahr	138–144
		3	clandestinité			144–151
	2	4	lectures		**première opposition**	151–155
	3	5	Zaza		15. Lebensjahr	155–168
	4	6	bêtise			168–173
	5	7	contem-plation		(16. Lebensjahr)	173–177
		8	bourgeoisie		**relations sociales**	177–181
		9	Louise			181–185
	6	10	**conversion**			186–194
		11	auteur		(18. Lebensjahr)	194–198
	7	12	mariage		17. Lebensjahr	198–205
	8	13	bachot		**préparation** 18. Lebensjahr	205–217
		14	philosophie			217–224
	9	15	sexualité			224–232
	10	16	Sorbonne		1925	323–234
III	1	1	déception			234–243
	2	2	Dreyfus		**la rupture**	243–249
	3	3	Garric			249–254
		4	Jacques			245–260
	4	5	**l'inquiétude**		1925 **les idoles**	260–272
	5	6	Garric			272–274
	6	7	Jacques			274–282
	7	8	angoisse		1926 19. Lebensjahr	282–305
		9	**mal du siècle**		**frustration** 20. Lebensjahr	305–321
		10	Simone Weil			321–336
	8	11	le bonheur			336–340
	9	12	Pradelle			340–344
	10	13	Zaza		**nouvelles per-spectives**	344–347
	11	14	Zaza		1927	347–358
		15	Baruzi		20. Lebensjahr	358–368
	12	16	Leibniz			368–374
	13	17	Jockey Club		la „débauche"	375–382
		18	Stépha			382–392

IV	1		sexualité	}	20. Lebensjahr	395–411
	2		*féminité*		1929	411–419
	3		Berlin		**nouveaux aspects**	419–425
	4		Herbaud			425–439
	5		Jacques	}		439–446
	6		Meyrignac		adieux au passé	446/447
	7		Herbaud/ Pradelle	}		448–467
	8		Sartre			467–470
	9		Herbaud		1929 la libération définitive	470–473
	10		**Sartre**			473–482
	11		Jacques	}	(1949) derniers adieux	482–488
	12		Zaza			488–503

* Seitenzahlen nach der Ausgabe Gallimard, Paris, 1958

3. Aufbau

Die ersten beiden Teile der Memoiren enthalten die Kindheit bis zum 11. Lebensjahr und die Schulzeit bis zum 17. Sie erzählen linear die Entwicklung Simones und ihrer Schwester, die sie immer als ihr zweites Ich bezeichnet. Die entscheidenden Themen bilden ein Geflecht, dessen einzelne Stränge auf einer weiteren Altersstufe jeweils wieder aufgenommen werden. Es sind: die Familie, die Religion, die Sexualität, die Freundschaft, die Schule, die Literatur, das Studium, die Liebe.

Der dritte Teil umfasst nur noch drei Jahre und entfaltet vor allem das intellektuelle Panorama der Hauptstadt um das Jahr 1925. Es enthält die Auseinandersetzung mit den bürgerlichen Autoren der „Inquiétude" – Barrès, Gide, Valéry, Claudel – die in der Nouvelle Revue Française publizieren, und mit der Schulphilosophie, Léon Brunschvicg zumal, für den Hegel und Marx um diese Zeit noch Unbekannte sind.

Während diese Jahre durch Selbstzweifel und Enttäuschungen gekennzeichnet sind, eröffnet sich im vierten Teil, der nur noch ein Jahr umfasst, die volle personale Entfaltung der Autorin mit dem Höhepunkt des Studienabschlusses und ihrem Eintritt in den Freundeskreis um Jean-Paul Sartre.

Jeder dieser vier Teile ist in sich wieder genauer strukturiert durch Altersangaben und präzise Jahreszahlen. Die ersten drei Lebensjahre (Abschnitt 1–6) zeigen die völlige Geborgenheit im Schoß der Familie. In der zweiten Hälfte dieses Kapitels, bis zum 5. Jahr und dem Eintritt in die Schule, werden erste psychologische Besonderheiten deutlich. Das zweite Kapitel charakterisiert zunächst die anderen Familienmitglieder (13–17) und die Anfänge der eigenen geistigen Entwicklung (18–20). Der Kriegsbeginn 1914 wird von der Sechsjährigen als Einschnitt empfunden, mit dem Ende des Krieges, in ihrem zehnten Lebensjahr, setzt die Verfasserin bereits bei sich das bewusste Unterscheidungsvermögen – l'âge de raison – an. Das ermöglicht im dritten und den folgenden Kapiteln eine erste Zusammenfassung der eigenen Erinnerungen zur Person.
Der zweite Teil schildert die jugendliche Entwicklung in vier Stadien. Bis zum 14. Lebensjahr wird die erste noch kindliche Opposition gegen die konventionelle Erziehung deutlich (Abschnitte 1–6). Es folgen spärliche Kontakte mit der sozialen Realität (7–9). Schwerpunkt der Darstellung ist Simones Glaubensverlust im 16. Lebensjahr (10/11) und den Schluss bilden die Vorbereitung des Studiums und das erfolgreiche Schulexamen (12–16).
Nach dem schmerzlichen Bruch mit dem Vater (1,2) schildert der dritte Teil die Bemühung der jungen Studentin um eine neue Orientierung (3–7) und die tiefe Depression, in der sie die Sinnsuche zurücklässt (8–10). Es ergeben sich aber doch auch erste Erfolge im Studium und neue Freundschaften (11–16). Die Selbstsicherheit ist inzwischen so weit gereift, dass sogar Ausflüge in die Halbwelt der Großstadt und erste Versuche mit dem Sinnenleben gewagt werden (17/18).
Mit der Bejahung der eigenen Weiblichkeit (Teil IV, Kapitel 1,2) eröffnet sich im 20. Lebensjahr endlich der Freundeskreis, der für ihr Leben bestimmend bleiben wird (3,4). Nach dem endgültigen Abschied vom Jugendfreund und dem landschaftlichen geliebten Umkreis (5,6) ist der Schwerpunkt dieses Teils der Studienabschluss in Philosophie und der erste Kontakt mit Sartre (7–10). Am Ende steht der perspektivische Vorgriff auf die gescheiterte Existenz des Jugendfreundes Jacques, den sie 1949 noch einmal trifft und die absurde Tragik der besten Freundin Elisabeth Mabille (11,12).

4. Kernaussage des Werks

Die Schrift ist eine Kritik der bürgerlichen Familie im Nachkriegsfrankreich der zwanziger Jahre. Die Autorin entwickelt diese durch die Darstellung ihrer eigenen Befreiung aus den Zwängen der Tradition. Die Selbsterhaltungsideologie der bürgerlichen Gesellschaft hat ihr den Blick auf die soziale Realität ebenso verstellt wie die christliche Sexualmoral die leibliche Realität ihres eigenen Körpers. Nach ihrer Lösung vom Gottesbegriff sucht sie lange nach einem Sinn des Lebens, bevor ihr aufgeht, dass dieser Sinn nur im Vollzug des Lebens selbst liegen kann. Ihr eigenes starkes Lebensgefühl bewahrt sie vor der spiritualistischen Abwertung der Welt gegenüber der Transzendenz, ebensosehr aber auch eine außerordentliche, vitale Arbeitsenergie. Am Gegenbeispiel ihrer Jugendgefährten zeigt sich, dass es einer besonderen personalen Stärke bedurfte, um den Weg der Frau in die Emanzipation freizulegen.

5. Die Personen

Die Autorin charakterisiert sich selbst vor allem als Intellektuelle und glaubt, dass diese Haltung schon früh bei ihr durch die kontroverse Stellung der Eltern zur Religion gefördert worden sei. Intellektuell bedeutet demnach tolerant in Bezug auf verschiedene Meinungen und kritisch in der dialektischen Betrachtungsweise eines jeden Problems. Eben diese Bedeutung bekommt das Wort auch im Mund ihres Vaters, der damit die Gegner der chauvinistisch-ideologischen Partei meint, die sich während der Dreyfus-Krise gegen den jüdischen Offizier zusammengeschlossen hatte. Politisch bezeichnet es die internationalistischen kritischen Demokraten um Emile Zola.

Die Eigenschaft, die überall in der Selbstdarstellung dominiert, ist eine wache Intelligenz und Ausdauer in der Verfolgung der Wahrheit. Ebenso stark und gleichfalls schon früh ausgeprägt ist ihre tätige Rastlosigkeit und das Bedürfnis, nützlich zu sein für eine Sache, für Mitmenschen und möglichst auch für alle Mitmenschen. Das Lehren und die Literatur stehen als Berufsziel schon für das junge Mädchen fest.

Die verlorene Zuneigung der Eltern ersetzt sie durch eine enge Bindung an die Schwester und die Schulfreundin. Sie hungert nach Anerkennung und der kleinste Beweis von Gefühlswärme setzt mit eins ihre ganze Emotionalität frei.

Die Freundschaft von Jacques Laiguillon kann sie lange nicht von Liebe unterscheiden, gibt andererseits Bekanntschaften auch schnell wieder auf, wenn sie deren persönliches Format nicht befriedigt. Ein untrügliches Sensorium beweist sie, als sie die Abstraktion des Gottesbegriffs gegen die innere Gewissheit der eigenen Lebensbejahung abwägen muss.
Die eigene Weiblichkeit entdeckt sie erst mit zwanzig. Sonst hält sie sich für linkisch, unvorteilhaft gekleidet, unsportlich und verkrampft. Möglicherweise schwingt in dieser Selbstdarstellung die Kritik an der leibfeindlichen Erziehung der Mutter mit, denn andererseits erfährt man, dass sie regelmäßig Tennis spielt. In verruchter Kostümierung kann sie sogar bei den Damen des Jockey-Clubs mithalten. Die Person ihres Vaters versteht die Autorin vor allem aus dem Gegensatz zwischen seiner künstlerischen Veranlagung und seiner gesellschaftlichen Position. Er möchte auf Grund seines Namens zum Adel gehören, doch reichen dazu bei weitem nicht mehr die Mittel. Die bürgerliche Existenz ödet ihn an, er studiert Jura, wird aber lediglich Angestellter in einer Anwaltskanzlei. Sein Steckenpferd sind Theateraufführungen und sein eigentlicher Lebensinhalt die Beziehung zur Bühne der Hauptstadt. Seitdem er durch die russische Revolution sein Aktienkapital verloren hat, gebärdet er sich jedoch spießiger denn je. In seinen Hass auf die Bolschewiken bezieht er nun den deutschen Erzfeind, Juden, Kanaken und überhaupt alle Intellektuellen mit ein. Der Faschismus von Mussolini und Charles Maurras ist darum seine Zukunftsperspektive.
Ihrer Mutter verdanke sie, sagt Simone, die Einübung in allen christlichen Tugenden für den mitmenschlichen Umgang: Wahrheitsliebe, Pflichtgefühl, Disziplin, Selbstlosigkeit und Selbstkontrolle. Die unbedingte Offenheit hatte allerdings ihre Grenze bei den Themen, die die Mutter tabuisierte, besonders der Sexualität. Im Ganzen war sie aber nach ihrem Vermögen das Modell einer Mutter, autoritär zwar, jedoch von den Kindern geliebt, und das nicht nur wegen ihrer völligen Hingabe an die Erziehung. In einem Punkte indessen lief bei Simone die streng katholische Erziehung auf das Gegenteil der mütterlichen Intentionen hinaus. Die Liebe zu ihrem Mann war für Mutter Beauvoir offensichtlich die große Erfahrung irdischen Glücks in ihrer bis dahin klösterlichen Existenz. Sie kann dadurch dessen nicht mehr kirchenkonformen Standpunkt in Kauf nehmen. Als sie durch ihre Heirat aus der Provinz nach Paris kommt, muss sie jedoch noch manche anderen Liberalitäten akzeptieren. Sie passte sich äußerlich an, um nach innen umso strenger bei ihren Prinzipien zu bleiben, doch das gerade hat bei ihrer Tochter dazu geführt, dass sie die Wirklichkeit Gottes ausschließlich auf den Innenbereich der Seele beschränkt sah und alle Dinge der Außenwelt schizophren beziehungslos zu jeder göttlichen Einwirkung.

6. Historische Einordnung

Das literarische Genus der Lebenserinnerungen ist uralt. Als Höhepunkte kennt man die „Confessiones" von Augustinus, die „Essais" von Montaigne, die „Confessions" von Rousseau und von Goethe „Dichtung und Wahrheit". Für Simone de Beauvoir aber ist typisch die aktuelle Zeitkritik, die sie zusammen mit Sartre aufgenommen hat. Auch ihr Hauptwerk „Le Deuxième sexe" kommt wie eine Streitschrift daher, umreißt aber das Programm, mit dem die wissenschaftliche Diskussion der Emanzipation der Frau erst begonnen hat. Die autobiografischen Romane, die sie danach schreibt, liefern dazu eine unbestechliche Phänomenologie.

Hiroshima mon amour (1959)
Marguerite Duras

1. Leben und Werk

Marguerite Duras (1914–1995) ist in Indochina geboren, wo ihre Eltern im kolonialen Schuldienst Frankreichs arbeiteten. Nach Spannungen in der Familie geht sie 1932 nach Paris, um Jura zu studieren. Sie erhält eine Stellung im Ministerium für die Kolonien, widmet sich aber ab 1941 ganz der Literatur. Sie hat das Unglück, ein Kind zu verlieren, und erlebt zu Beginn des Krieges Kollaboration und Widerstand. Nach der Deportation ihres Mannes schließt sie sich der Kommunistischen Partei Frankreichs an.
Ihr erster Romanerfolg ist 1950 „Un barrage contre le Pacifique", der von Réné Clément nach ihrem Drehbuch verfilmt wurde. Seit dem Drehbuch für „Hiroshima mon amour", 1959, gehört ihre Liebe mehr und mehr dem Film, obwohl noch viele Romane folgen, vor allem 1984 der Welterfolg „L'Amant". Sie schreibt weitere Drehbücher und übernimmt schließlich selbst die Regie, weil das Medium des Bildes ihr eine umfassendere Aussage erlaubt als das Wort, das sie nach eigener Aussage zu sehr festlegt. „Hiroshima mon amour" ist der Glücksfall der Zusammenarbeit mit einem kongenialen Regisseur, Alain Resnais.

2. Inhaltswiedergabe

Eine Französin aus Nevers – die Autorin nennt sie immer nur mit dem Namen der Darstellerin im Film – erlebt zwischen 17 und 20 ihre erste Liebe. Es ist Krieg und ihr Liebster ein Soldat der deutschen Besatzungsarmee. 1944 will er sie nach Bayern mitnehmen, um dort zu heiraten, als sie jedoch zum verabredeten Treffpunkt kommt, findet sie ihn sterbend am Flussufer. Ein Widerstandskämpfer hat ihn aus einem Garten heraus erschossen.
Sie wird wie andere Leidensgefährtinnen von den Chauvinisten kahlgeschoren, ist durch den Schmerz aber schon unempfindlich für alle äußeren Eindrücke.

Danach verfällt sie in einen Zustand der Apathie mit bösartigen Ausfällen, sodass ihre Eltern sie im Keller verbergen. Als sie nach einiger Zeit ausgeglichener wird, soll sie nach Paris gehen, und trifft gerade am Tag der Atombombenexplosion von Hiroshima ein. Dort heiratet sie nach einiger Zeit und bekommt zwei Kinder. Ihr Trauma ist anscheinend verdrängt. Sie wird auch Schauspielerin und kommt 1959 nach Hiroshima, um an einem internationalen Film für den Frieden mitzuwirken. Sie hält dieses Mittel nicht für entscheidend wirksam, ist aber unbedingt für alles, was die Erinnerung an das Geschehen wachhält.

Sie hat in den letzten vierzehn Jahren erfahren, dass selbst die einschneidensten Erlebnisse verblassen können, bis zu dem Punkt, wo auch der eigentliche Grund der Erinnerung gegenstandslos wird. Das Problem des Gedenkens und des Gedächtnisses ist überhaupt die Verbindung zwischen dem Thema der Liebe und dem des Krieges. Sie lernt am Drehort einen Japaner kennen und lieben, dessen Name ebenfalls unbekannt bleibt. Er hat in Hiroshima seine Familie verloren, während er Soldat war. Die Beiden lieben sich leidenschaftlich und merken schon nach der ersten Begegnung, dass es für sie nicht lediglich ein erotisches Abenteuer ist.

Er will sie nach Abschluss der Dreharbeiten dabehalten und sie gesteht ihm, dass sie sich ihm nicht etwa nur genähert hat, weil sie sich einsam fühlte oder aus Abschiedsnostalgie. Dazu passt, dass sie beide glücklich verheiratet sind, also keine Frustration zu ihrer Verbindung geführt hat. Nach einer weiteren Liebesbegegnung geschieht dann das Wunder, dass sie ihm die Geschichte ihrer ersten Liebe erzählen kann, obwohl sie das bislang noch vor keinem Menschen, auch nicht ihrem Ehemann, vermochte. Diese Szene der Rückerinnerung ist zugleich der Akt, durch den sie sich aus ihrem langjährigen Trauma befreit. Ihr Geliebter spielt dabei eindeutig die Rolle des Psychotherapeuten. Der eigentliche Grund ist jedoch, dass sich mit ihm das Ereignis ihrer ersten Liebe wiederholt hat. Auch durch den Wechsel in den Pronomen der Anrede identifiziert sie ihn mit dem Deutschen.

Im Selbstgespräch mit dem Toten nennt sie es noch Verrat, dass sie die Geschichte ihrer Liebe einem Unbekannten preisgegeben hat, doch gleich darauf hat sie mit eins die innere Gewissheit, dass das kleine Mädchen von Nevers endlich tot ist, dass sie selbst in einem Tag zur Erwachsenen reifte. Der Abschied, der ihnen sehr kurz bevorsteht, ist erschütternd. Sie fühlen beide, dass die Zeit auch ihre Liebe in das große Vergessen aufnehmen wird, doch bleibt offen, ob sie zu ihren Ehepartnern zurückkehren werden. Der Zuschauer erfährt zu wenig über diese Verbindungen, um zu sehen, ob sie in der Intensität der schicksalhaften Zufallsbegegnung die Waage behalten können.

Strukturplan

Teil	Szene	Einstellung	Arbeitstitel		Erläuterungen	psycholog. Hintergrund	Seite*
I	1	Hiroshima	champignon				11
	2	(Vorspann)	épaules		Thematik Liebe/Tod		12
	3		cendre				13
	4		mains				13
		Hiroshima					
	5		hôpital				12/13
	6		musée				13/14
	7		touristes		Versuche der Rekonstruktion		14/15
	8		place de la Paix				15/16
	9		actualités				16–18
	10		manifestation			Problematik des Gedenkens	18
	11		mémoire				19
	12	Flussufer	mort		(sterbende Studenten)		20/21
		Hotelzimmer					
	13		amour				21/22
	14		japonais		(„mille femmes“)	Liebe der Gattung	22/23
	15		Nevers				25
II	1	Vorspann	mains		Agonie des Soldaten		27
	2	Hotelzimmer	café				27/28
	3		douche			Motivation der Bekanntschaft	28–30
	4		pomme				30–33
	5		avion				33/34
	6		Nevers			Trauma der Frau	35
	7		folie				36–38
	8		taxi				38/39
III	1	Place de la Paix	infirmière		Entwicklung der Liebesgeschichte parallel zum äußeren Geschehen		40

III	2		film			„rire heureux“	40 – 43
	3		coiffe			„choc érotique“	43/44
	4		défilé			„gémissement“	44–46
	5		épaule			„main serrée“	46/47
	6		enfants			„détresse“	47/48
	7	Wohnung des Mannes	femme			„amour“	48/49
	8		téléphone			„érotisme“	50
	9	Einblendung Nevers	Nevers	Rückerinnerung der Liebesgeschichte von 1944			50–53
	10		cri	Befreiung vom Jugendtrauma			
IV	1	Café in Hiroshima	miracle	Psychotherapeutische Rückerinnerung Nevers			55
	2	Einblendung Nevers	La Loire	„vingt ans“			55/56
	3		cave	„une telle douleur“	}	Phase der tiefsten Depression	56/57
	4		mains	„j'aimais le sang“			57/58
	5		cris	„ton nom“			58/59
	6		chambre	„envie de toi“			59/60
	7		salpêtre	„une imbécile“			60/61
	8		cheveux ←	*Einsetzen der Musik* zur Erhaltung der Illusion	}	Phase der Genesung	61/62
	9		Marseillaise				63
	10		St. Etienne	Erstes Vergessen			64
	11		cri	Höhepunkt der Halluzination			65
	12		Paris ←	*Wiederholung der Musik*			66

IV	13	Café (Ende der Nevers-Einblendungen)	tunnel	Stolz des einzigen Eingeweihten	}		67/68
	14		oubli de ← l'amour	*Verstummen der Musik*		Phase der Befreiung	68/69
	15		le monde ordonné	Bewusstsein der Ausweglosigkeit			70/71
V	1	Hotelzimmer	issue	Zwiegespräch mit der Vergangenheit	}		72
	2		amour impossible			Phase der wachsenden Entfremdung	72/73
	3 4	Café Boulevard	Hiroshima patrie	Letzte Zweifel			73/74 74/75
	5		faim d'adultères	Ihr Abschied			75/76
	6	Magasin	le temps de le savoir	Sein Abschied			76/77
	7	Nevers	petite tondue	Lösung des Neverskomplexes	}	Lösung aus der letzten Bindung	77–79
	8 9	Café Chambre	Casablanca aurore des condamnés	das große Vergessen			79/80 80–82

* Seitenzahl nach der Ausgabe Langenscheidt, Berlin, 1988

3. Aufbau

Der Film hat fünf Teile. Die Einstellungen zeigen einerseits Ansichten der Städte Hiroshima und Nevers, andererseits Innenräume, in denen die Liebenden sich begegnen. Entsprechend ist die Thematik des Todes meist zur Hälfte der Liebesthematik opponiert. Teil 1 evoziert bis zur 12. Szene das Bild Hiroshimas im Gespräch, die Szenen 13–15 zeigen die erste Liebesbegegnung im Hotelzimmer der Frau. Teil 2 verbleibt von Szene 1–8 in dieser Umgebung außer einer kurzen Einblendung von Nevers zu Beginn.
Teil 3 spielt real von Szene 1–6 im Zentrum von Hiroshima, danach von 7–10 in der Wohnung des Japaners. In 9 und 10 dominieren jedoch die Erinnerungsbilder aus Nevers der Jahre vor 1944. Teil 4 spielt vordergründig in einem Lokal am Delta des Flusses Ota. Diese Umgebung wird jedoch bis zur 12. Szene fast völlig überdeckt von weiteren Rückblenden aus dem Nevers von 1944–45.
Im fünften Teil erscheinen Innenräume nur noch in der ersten und letzten Szene. Dazwischen liegen Sequenzen an wechselnden Orten in den Straßen Hiroshimas und eine letzte Einblendung von Nevers in Szene 7.
Das Bild des Atomtodes steht eindrucksvoll am Anfang. Der Bikini-Rauchpilz wird optisch abgelöst durch die verstümmelt wirkenden und mit Asche bedeckten Schultern der Liebenden (I,1–4). Für das folgende Gespräch ist ein ausdruckslos deklamatorischer Tonfall charakteristisch. Die Sprecherin berichtet von den verschiedenen Versuchen, die Katastrophe in der Erinnerung zu bewahren; der Sprecher verneint jeweils, dass die Wirklichkeit des Grauens überhaupt dokumentiert werden kann (5–10). Daran knüpfen sich die ersten Reflexionen über die Problematik des Gedenkens und des Gedächtnisses in Parallelität mit dem Vergessen in der Liebe (11). Abschluss dieser Sequenz ist das Thema des Todes im Bilde der sterbenden Studenten am Flussufer (12).
Das Liebesthema wird darauf selbstständig und akustisch aufgenommen durch den in sinnlicher Erregung sich steigernden Sprechduktus der Frau. Im folgenden Zwiegespräch machen die Partner rudimentäre Angaben zur Person. Für den Mann ist ohnehin nicht ihre Individualität die besondere Erfahrung, sondern ihr Gattungscharakter als Frau. Am Ende steht eine erste, gleichfalls vage Parallelisierung der japanischen und der französischen Stadt.
Der Beginn des zweiten Teils blendet kurz das Todesthema ein, weil die Hand des schlafenden Mannes sie an die in der Agonie bebende Hand des deutschen Soldaten erinnert. Die Fortsetzung bilden einige Szenen des unbeschwerten Zusammenseins und Kennenlernens bis zu der Eröffnung, dass ihr Flugzeug schon am nächsten Tag geht (II,2–5). Auf seine Fragen macht sie erste Andeu-

tungen über ihre Jugend in Nevers und das noch nicht näher bezeichnete Unglück ihrer ersten Liebe (6,7). Trotz seiner drängenden Bitten um ein Wiedersehen scheint das ankommende Taxi die Beiden schon für immer zu trennen.
Er findet sie jedoch bereits zu Beginn des dritten Teils wieder bei den jetzt abgeschlossenen Dreharbeiten im Zentrum der Stadt. Der Abbau der Filmrequisiten gibt ihrem Wiedersehen eine Atmosphäre der Auflösung und der Unwirklichkeit (III,1–3). Dieser Eindruck verstärkt sich bei dem folgenden Vorbeizug einer Demonstration für den Frieden. Die Liebenden sind nicht mehr beim äußeren Geschehen, weil das aufkommende sinnliche Verlangen in beiden übermächtig wird (5,6). Die nächste Einstellung zeigt sie daher in seiner Wohnung, wo Hinweise auf seine Familie und seine Arbeit eine gewisse Distanz erzeugen. Die Liebe ist jedoch stärker und wieder folgt auf die Extase das persönliche Bekenntnis (7,8). In das Gespräch werden jetzt zunehmend Szenen ihrer ersten Liebe eingeblendet, in dem Maße, wie ihr Bedürfnis wächst, sich einmal von dem Jugendtrauma zu befreien (9,10). Er versteht aus diesem Bericht ihre Wesensart und letztlich auch den Grund ihrer Zuwendung zu ihm.
Der vierte Teil ist offensichtlich das Zentrum des Films. Nach einem Ortswechsel wird die rückerinnernde Beichte nicht nur fortgesetzt, sondern steigert sich visionär und halluzinatorisch bis zur Unerträglichkeit. Die erste Hälfte des Berichts schildert die Phase der tiefsten geistigen Verwirrung (IV,1– 7). Eine Besserung deutet sich an, als zum ersten Mal auch ein Vergessen möglich wird (8–12). Ihr Erwachen aus dem langen Alptraum kann der Film symbolisch verdoppeln dadurch, dass sie nun auch wieder zum Bewusstsein ihrer realen Umgebung im Cafe in Hiroshima kommt. Während sein Selbstgefühl als Mann noch frohlockt bei der Erkenntnis, als Einziger eingeweiht zu sein in ihr persönliches Geheimnis, ist ihre Selbsterfahrung schon fortgeschritten zur Desillusion. Sie sieht, dass wie im eben erinnerten früheren Falle auch die neue Liebe in das Vergessen eingehen muss (13–15). Das wird im fünften Teil noch einmal sinnfällig dadurch, dass sie in der ersten Szene von der toten Liebe endgültig Abschied nimmt, in der allerletzten aber auch von ihrer Liebe Hiroshima.
Szene 3 und 4 zeigen den schweren inneren Kampf, in dem sie sich anscheinend für die Abfahrt entscheidet. Entsprechend enden in den nächsten beiden Szenen seine Versuche, sie zurückzuhalten. Szene 7 ist die letzte Rückblende nach Nevers. Sie zeigt zum ersten Mal den Wunsch, die Stadt wiederzusehen und damit den Ausdruck der endgültigen Gesundung. Szene 8 spielt in einem Lokal mit dem symbolischen Namen Casablanca. Die Reminiszenz an den gleichnamigen amerikanischen Film von Michael Curtiz (1943) kontrastiert bewusst das Melodram mit der tragischen Abschiedsszene der Liebenden.

4. Kernaussage des Werks

Gegenstand des Film ist nach dem ausdrücklichen Hinweis der Autorin nicht Hiroshima, sondern die Liebe. Die Stadt beherrscht nur im ersten der fünf Teile das Bild. Thematische Verbindung zwischen beiden ist die Erinnerung und ihr Gegenteil, die Gnade des Vergessens. Der Titel des Films ist irreführend, denn die Stadt ist nicht liebenswert, allenfalls monumental durch das Menschheitsunglück, das in ihr geschah. Aber auch die Monumentalität wurde nach vierzehn Jahren zur Musealität, wenn nicht gar zur touristischen Sensation. Der japanische Partner muss es seiner französischen Geliebten immer wieder sagen, bevor es in ihr Bewusstsein dringt, dass das wirkliche Grauen unendlich weit abliegt von allen Versuchen, es zu erinnern. Hiroshima liegt an einem Fluss wie Nevers an der Loire und es hat Sonnenuntergänge wie die mittelalterliche Stadt. Sein historischer Stadtkern aber ist in einem urzeitlichen Chaos verschwunden.
Am Schluss des Films gibt die Frau ihrem Geliebten den Namen Hiroshima, aber nicht als lokales Etikett für ein Liebesabenteuer wie es Leporello für seinen Herrn Don Giovanni macht. Die Namengebung ist vielmehr notwendig, weil die beiden Liebenden hier anonym nicht als Individuen, sondern als Gattungswesen vorkommen. Das hat mit Hiroshima zu tun, insofern durch diese Stadt in das Bewusstsein der Welt getreten ist, dass die Menschheit als Gattung durch sich selbst ausgelöscht werden kann.
Was sich hier darstellt, ist die Liebe der Menschen als Gattung. Die banale Nomenklatur nennt das heute „One-night-stand" und man mag zweifeln, ob die Partner nach so kurzer Zeit des Kennenlernens von Liebe sprechen können. Der Sexualität wird hier jedoch ein Höchstwert gegeben. Die Liebenden erkennen im Fleische instinktiv und intuitiv, dass sie zueinander passen und zueinander gehören würden, wenn sie nicht schon Familie hätten. Sie werden von dieser Liebe befallen und haben von ihr eine unmittelbare innere Gewissheit. Auch die Erkenntnis versteht die Autorin als Intuition, unableitbar in ihrem Entstehen und insofern irrational wie das Befallenwerden vom Irrsinn.
Der Liebe wird vor allem ein Höchstwert zugemessen, weil sie als Grenzerfahrung in unmittelbarer Nähe zum Tode steht, und das hat wieder mit Hiroshima zu tun. Nach der für beide Partner bestehenden Ehekonvention ist diese Liebe unmöglich. Unmöglich war schon die Liebe der Französin zu einem deutschen Besatzungssoldaten, weil sie sich auch über die nationale Ehre hinwegsetzte. In beiden Fällen zeigt sie darin ihre Macht. Die Nähe der Liebe zum Tod muss die Protagonistin in ihrem persönlichen Schicksal in der akutesten Form erleben. Schon dass es die erste Liebe ist, gibt ihr den existentiellen Ausnahmecharakter.

Der tödliche Ausgang wird zu einer seelischen Erschütterung, die sie zeitweilig in den Irrsinn treibt.
Ihre zweite unmögliche Liebe ist für sie darum eine Befreiung, weil sie die Erfahrung macht, dass die Liebe nicht existentiell ausschließlich ist wie der Tod, sondern wiederholbar, wenn auch nicht beliebig wiederholbar. Selbst das seelisch Bedrängendste kann einmal in das Vergessen aufgehoben werden, aber das gilt verhängnisvollerweise auch für die Katastrophe von Hiroshima. Schon die folgende Generation, die das Grauen des Krieges nicht selbst erlebt hat, könnte es unterschätzen.
Der Schluss des Film ist so ehrlich, auch die Tragik der Gattungsliebe anzudeuten. Sie entsteht dort, wo sie mit der persönlichen Entscheidung für ein menschliches Individuum in Konflikt kommt. Beide Liebenden fühlen, dass sie zueinander gehören könnten, geben aber ihre Ehen nicht auf und scheiden voneinander im Schmerz der unauflöslichen Problematik. Sie folgen darin ihren konventionellen Vorbildern aus dem Bühnenstück von Noël Coward mit dem bezeichnenden Titel „Brief Encounter", der noch zwei weiteren Verfilmungen (von David Lean und Alan Bridges) den Namen geben sollte.

5. Die Personen

Die größte Schwierigkeit für die Darstellung der beiden Menschen in diesem Film ist es, psychologisch glaubhaft zu machen, dass sie von einer echten Liebe ergriffen sind. In ihrem leiblichen Vollzug unterscheidet sich diese ja nicht vom erotischen Abenteuer. Ein Beweis wäre vielleicht die extreme Selbstaufopferung bis zum Tode, doch diesen Beweis hat die Frau in Nevers nicht erbringen können, allenfalls hat ihre schwere seelische Erschütterung danach die gleiche Überzeugungskraft.
Sicher war ihre erste Liebe eine Grenzerfahrung mit der höchsten emotionalen Intensität. Sie hat danach das eheliche Glück und die Mutterliebe kennengelernt, ist aber nach der einmal erlebten Hochspannung der Seele unbewusst immer noch unterwegs. Mit der Person des japanischen Liebhabers scheint sie diese noch einmal zu finden, jedenfalls betont die Autorin, dass es nicht Exotismus ist, der sie an ihn fesselt. Exotismus nennt Duras eine verkappte Form des Rassismus. Daher möchte sie an der Erscheinung des Japaners alle besonderen rassischen Merkmale möglichst schwach ausgeprägt sehen.

In seinem Charakter soll vor allem männliche Reife und personale Souveränität dominieren. Er ist im Typ realistisch, weltgewandt und ohne Anstrengung seiner selbst sicher. Dazu passt sein Beruf als Techniker, politische Progressivität und die französische Bildung. Sie findet in ihrer Begegnung ein Erlebnis wieder, das sie schon einmal hatte, er hingegen macht eine Erfahrung, die ihn in solcher Intensität zum ersten Mal trifft.
Die Glücksverwirklichung, die beide in ihrer Ehe genießen, liegt im Niveau über dem One-night-stand, den er wahrscheinlich auch kennt, aber nicht höher schätzt. Die Erfahrung, die beide an diesem Tag in Hiroshima machen, enthält jedoch für ihre Ehen eine echte Gefährdung. In einer Parodie auf die berühmte Abschiedsszene aus dem Film „Casablanca" lässt Duras einen zweiten Japaner auftreten, der in englischer Sprache bei der einsam wirkenden Frau eine banale Anmache versucht. Unmittelbar vor dem tragischen Abschied der Liebenden kann diese Szene nur die Funktion haben, noch einmal die Verwechslung mit einem bloßen Seitensprung auszuschließen.

6. Historische Einordnung

Bei dem heiligen Augustinus findet sich die Unterscheidung zwischen der Liebe, die sich einer Person zuwendet, weil sie in ihr bestimmte Vorzüge erkannt hat, und der Liebe auf Grund von sinnlicher Attraktion oder Schönheit des Leibes. Die erste Art Liebe scheint vernünftig begründbar, doch sagt der Volksmund, dass die Liebe wie der Blitz einschlägt oder wie ein Funke überspringt und sich zum Kennenlernen meist gar keine Zeit nimmt. Das Problem ist, dass der Schmetterling erst durch die Schönheit der Blume veranlasst werden muss, zum näheren Kennenlernen bei ihr zu verweilen.
Nach dem, was wir wissen, hatte die Antike ein ungebrochenes Verhältnis zur Liebe. Die Leibfeindlichkeit der christlichen Lehre geht auf eine platonische Linie der Tradition zurück, jedoch gehörte die leibliche Liebe so sehr zum alltäglichen Lebensvollzug, dass sie es als Thema der hohen Dichtung nicht einmal zur Hoffähigkeit gebracht hat. Die Tragödie war religiöses Festspiel zu Ehren der Götter und das Epos berichtete von den Taten der Heroen und vom Wirken der Götter in der Welt. Die Philosophen beklagten es später, wenn die Götter wie menschliche Ehebrecher und Betrüger dargestellt wurden.
In der „Liebeskunst" des Ovid finden sich sehr realistische Hinweise, wie man es anstellen muss, um das Interesse einer geliebten Person zu erwecken, und seine

„Heilmittel gegen die Liebe“ sind praktische Methoden, die einen von der unglücklichen Leidenschaft, von der man befallen wurde, wieder befreien sollen. Erst durch den Minnesang wurde die Liebe im Mittelalter beherrschendes Thema der europäischen Literatur und ist es seit der Romantik geblieben. Die Hochstilisierung der Person der Frau war zunächst noch artistisches Spiel, in der Romantik wurde die Liebe ein Höchstwert und Religionsersatz. Liebe war gleichbedeutend mit Leben, nicht geliebt zu werden, war der Tod. So zeigt es Goethe im „Werther“.

Die Helden und Heldinnen der französischen klassischen Tragödie erleben die Liebe wie ein unwiderstehliches Schicksal. Im 18. Jahrhundert berichtet der Roman „Manon Lescaut“ zum ersten Mal einen Fall von sexueller Hörigkeit. Die „Liaisons dangereuses“ reduzieren die Liebe überhaupt auf Sexualität und Selbstbestätigung und durch den Marquis de Sade sind wir seit längerem von einem Sexualtrieb unterrichtet, der mit Grausamkeit gekoppelt ist.

Die Emanzipation, die mit der französischen Revolution schon eingesetzt hatte, brauchte durch die Konsolidierung der bürgerlichen Gesellschaft und ihrer Konventionen im 19. Jahrhundert dann aber noch Zeit bis in unsere Tage. Die Revolte gegen diese Konventionen hat zu Anfang des Jahrhunderts den Typus des Vamp oder der „femme fatale“ hervorgebracht, wie sie als „Blauer Engel“ dem Professor Unrat von Heinrich Mann begegnet. In den Stücken von Ibsen, Strindberg und Wedekind tobt gar ein Kampf der Geschlechter.

Sachlichkeit und Offenheit ist in die Diskussion der Sexualität erst eingekehrt mit Simone de Beauvoir und ihrem Buch „Le Deuxième sexe“. Zu ihrer Generation gehört auch noch Marguerite Duras, bei der die Liebe trotz realistischer Darstellung tragische Tiefe und poetischen Zauber bewahrt. In neuester Zeit hat besonders Régine Pernoud mit einer Reihe von großartigen Frauenporträts die soziologische und historische Klärung der Probleme weitergebracht.

Le Château de ma mère (1961)
Marcel Pagnol

1. Leben und Werk

Marcel Pagnol (1895–1974) stammt aus Aubagne bei Marseille. Er wird Lehrer wie sein Vater, kann aber schon 1922 sein erstes Theaterstück aufführen. Ein Talent für Komik verbindet sich bei ihm mit deutlicher Tendenz zur Gesellschaftskritik. „Topaze" ist 1928 der erste große Erfolg. Das Stück wird verfilmt ebenso wie seine berühmten Geschichten aus Marseille: „Marius", „Fanny", „César" (1928–1931). Ab 1933 produziert Pagnol Filme in eigener Regie, besonders nach Texten der Regionalisten Giono („La Fille du puisatier"). 1946 erkennt auch die Académie Française sein Werk an. 1957 beginnt er mit „La Gloire de mon père" die Reihe seiner Jugenderinnerungen.

2. Inhaltswiedergabe

Die Familie des Grundschullehrers Joseph Pagnol verbringt die Monate August und September regelmäßig in ihrem Ferienhaus in den Bergen neun Kilometer vor Marseille. Das Ehepaar hat zwei Söhne und eine kleine Tochter. Mit ihnen sind außerdem der Schwager Jules und seine Frau. Die beiden Männer verbindet eine mächtige Leidenschaft für die Jagd, die täglich den Speisezettel des Hauses beschickt.
Im Sommer 1904 lernt der älteste Sohn, Marcel, den Bauerjungen Lili kennen. Spontane Sympathie und Jagdfieber verbindet beide bald in einer innigen Jugendfreundschaft.
Im folgenden Winter muss Marcel seine Aufnahmeprüfung für das Gymnasium vorbereiten, seine Sehnsucht nach den Bergen und Lili ist jedoch so groß, dass die Eltern beschließen, bis zu den nächsten Ferien auch an den Wochenenden zur Hütte aufzubrechen. Dazu müssen aber vier Stunden Fußmarsch bewältigt werden und die Familie kann sich keine doppelte Ausstattung mit Hausrat leisten, sodass außer der Verpflegung noch vieles zu transportieren ist.

Eine große Erleichterung ergibt sich, als Joseph seinen ehemaligen Schüler Bouzigue wiedertrifft. Diesem obliegt die Wartung und Überwachung des Trinkwasserkanals nach Marseille in der Sektion des Ferienorts. Der Kanal verfolgt die Luftlinie und der Weg an ihm entlang ist um zwei Stunden kürzer. Allerdings müssen dabei die Privatgrundstücke von vier Schlossbesitzern durchquert werden. Bouzigue leiht Joseph einen seiner Schlüssel, der diesem die Durchgangspforten für den Seitenpfad des Kanals öffnet.
Zweimal ergeben sich Probleme mit den Besitzern. Im ersten Fall hebt sich der Schrecken schnell auf durch die chevalereske Großzügigkeit des Grafen Jean, den die Eheleute später als den Helden der Reiterattacke von Reichshoffen im Jahre 1870 wiedererkennen. Im zweiten Fall beweist der Landmann Dominique die gleiche Großzügigkeit und hilft der Familie sogar gegen die Weisung seiner bürgerlichen Herrschaft. Das dritte Schloss scheint immer unbewohnt.
Im Sommer 1905 ist die Familie wieder mit Sack und Pack am Kanal entlang unterwegs. Vor dem vierten Schloss hat die Mutter eine böse Vorahnung. Das Durchgangstor ist durch eine Kette versperrt, dahinter erwartet sie der bewaffnete Parkwächter mit seinem Hund. Er ist borniert und böswillig und genießt rücksichtslos seine Machtposition. Gegen Lehrer nährt er ohnehin ein Ressentiment, weil die im Gegensatz zu ihm in Ferien gehen können. Die gedemütigte Familie muss die Durchsuchung ihres bescheidenen Hausrats und hämische Beleidigungen hinnehmen.
Das Schlimmste aber ist die Anzeige, die dem beamteten Lehrer jetzt droht. Er steht vor einer Beförderung und ein zu erwartender Verweis seiner Behörde durchkreuzt die Zukunftspläne, denn sein empfindliches Ehrgefühl verbietet ihm auch bei milder Maßregelung, den Lehrberuf mit einem moralischen Makel fortzusetzen.
Die Ferien scheinen gründlich verdorben, doch kommt durch Bouzigue auch die Rettung. Er kann mit der Amtsautorität zweier Kollegen den Bösewicht einschüchtern. Diesem droht seinerseits eine Anzeige von der Kanalverwaltung, weil er mit der Sperre für die Familie zugleich unbefugt den Durchgang der Beamten verhindert hat.
Dreißig Jahre später lässt der inzwischen berühmte Regisseur Marcel Pagnol ein Grundstück für die Etablierung einer Filmproduktion ankaufen. Es erweist sich bei der Ankunft als eben der Besitz des neureichen Großhändlers, dessen Subalterner der Familie die für die herzkranke Mutter fast lebensbedrohende Aufregung bereitet hatte. Das Schicksal ließ jedoch inzwischen die Schreckensszene

aus der Jugend durch schlimmere Unglücksfälle verblassen. Die Kinder verlieren ihre Mutter nach wenigen Jahren, der Jugendfreund Lili fällt 1917 an der Front und der kleine Bruder Paul stirbt schon mit Dreißig.

Strukturplan

Abschnitt	Arbeitstitel	Erläuterungen	Seite*
1	chasseurs		9–12
2	**Lili**	Der Sommer der unbe-	13–20
3	sources	schwerten Jugendfreundschaft	21–27
4	Minerve		28–32
5	Chantepierre		33–36
6	Paul		37–40
7	Octobre		41–45
8	*Grand Duc*	Die Vorahnung des Abschieds	46–52
9	echo		53–57
10	rentrée		58–67
11	guerre		68–74
12	grotte		75–85
13	**Robinson**	Wunschtraum und Wirklichkeit	86–91
14	Félix	des Einsiedlerlebens	92–100
15	hiboux		101–107
16	microbes		108–112
17	Brunehaut	Ende des Sommers 1904	113–117
18	Besson		118–121
19	lettre		122–124
20	orthographe		125–127
21	fusil	Die Erwachsenen machen den	128–130
22	tram	Wunsch zur Wirklichkeit.	131–133
23	Lili		134–137
24	**Noël**		138–142
25	Trinquette		142–145
26	loto		145–148
27	Intrigue		149–151
28	**Bouzigue**	Die Abweichung vom rechten	151–157
29	châteaux	Wege	158–164
30	clef		165–172
31	Vauban		173–176
32	comte		177–183

33	Dominique		184–191
34	examen	Sommer 1905	192–195
35	sac tyrolien		196–203
36	**la fin du monde**	Die Rache der formalen	204–213
37	Wladimir	Legalität	214–218
38	blâme		219–222
39	procès verbal		223–225
40	palmes		226–228
41	Bouzigue	Die Rettung der Idylle durch	229–235
42	**Félicienne**	den Kompromiss	236–238
43	Virgile		239/240
44	**château**	Das entzauberte Schloss	241–243

* Seitenzahl nach der Ausgabe Pastorelly, Monaco, 1958

3. Aufbau

Der thematische Gegensatz der Welt der Jugend und der Wirklichkeit spiegelt sich in der Struktur in den beiden Ferienbesuchen von 1904 und 1905. Dazwischen liegen winterliche Wochenendausflüge. Mit besonderer Liebe wird die Entwicklung der Jugendfreundschaft geschildert. Der Winter zeigt in den Bergen auch problematische Seiten, doch glaubt der Leser zunächst ein Familienidyll in südfranzösischer Landschaft zu verfolgen.

Die Jungen wollen die Wunschwelt ihres Ferienglücks unter allen Umständen festhalten und unternehmen einen Versuch der Evasion ins Höhlenleben. Die Wirklichkeit des Schulalltags erweist sich schließlich drängender, doch ermöglichen die Erwachsenen einen Ersatz durch die Begegnungen zum Wochenende.

In den nächsten Sommerferien hat sich durch den verkürzten Zugang zumal für die überanstrengte Mutter eine Erleichterung ergeben, doch entsteht gleichzeitig eine Spannung durch das Abweichen vom Weg der strengen Legalität und unversehens scheint für die Familie eine Tragödie heraufbeschworen.

Die böswillige Borniertheit wird von den Freunden der Familie mit ihren eigenen Mitteln außer Gefecht gesetzt und Joseph muss die Erfahrung machen, dass seine Prinzipienreinheit in der Welt den Kompromiss mit der (gemäßigten) Korruption akzeptieren muss. Den Schluss bildet aus der Perspektive des reifen Mannes ein wehmütiger Rückblick auf die vom Schicksal noch nicht zerrissene Szenerie der Jugend.

4. Kernaussage des Werks

Der Erzähler muss als Zehnjähriger erleben, wie seine Eltern auf niedrige Weise gedemütigt werden. Damit brechen der Ernst des Lebens und die Probleme der Erwachsenen in die bis dahin unproblematische, durch Spiel und Traum bestimmte Welt des Kindes ein.
Diesen Schock verdrängt der Junge wie später auch den Tod der Mutter. Erst als er ihn überwunden hat, kann er in dieser Geschichte auch darüber sprechen. Dazu musste vor dem Vierzigjährigen das Schloss seiner Jugenderinnerungen durch Zufall wiederauftauchen, doch diesmal kann er das verschlossene Tor der Vergangenheit mit einem Steinwurf zerschmettern.
Nach dreißig Jahren ist das Geschehen, das im unmittelbaren Erleben so bedrängend war, durch unvergleichlich härtere Schläge des Schicksals in eine Distanz gerückt, die die kleinliche Bosheit der Menschen gegenüber dem Unglück, das Krankheit und Krieg in das Leben bringen, in der angemessenen Größenordnung erscheinen lassen.
Das unausgesprochene Fazit des Autors könnte ein Zitat des lateinischen Dichters Vergil sein, mit dem er seinen jüngeren Bruder vergleicht, weil er wie dieser das Landleben geliebt und besungen hat: Sunt lacrimae rerum – Tränen sind in allen Dingen – oder auch weniger poetisch: Der Mensch muss im Leben Schmerzen verwinden, die schicksalhaft mit seiner Existenz in dieser Welt gegeben sind.

5. Die Personen

Joseph Pagnol ist im biblischen Sinne ein Gerechter. Seine bittere Erfahrung aus der Unglücksszene mit dem Parkaufseher ist die völlige Ohnmacht, in die der Rechtschaffene unversehens geraten kann, wenn er sich nur einmal ins Unrecht setzt. Seinen Sohn hat das Leben später gelehrt, dass vor allem der Gerechte in der Welt machtlos ist, weil er den Kompromiss mit dem Unrecht ablehnt, den alle Menschen eingehen, die es zu etwas bringen wollen.
Der Vater Marcels hat es aus einfachen Verhältnissen zum Studium und zur Verbeamtung als Grundschullehrer gebracht. Er ist nicht gläubig und überzeugter Republikaner. Seine Moralauffassung ist höchst sensibel, idealistisch-weltfremd und fast selbstzerstörerisch. Er hat von seinem geliebten Lehrerberuf eine so hohe Auffassung, dass er einen von der Behörde ausgesprochenen Tadel als

einen Makel ansieht, der ihn eher den Dienst quittieren lässt, als weiterhin vor jungen Menschen erzieherisches Vorbild sein zu können.

Wie ein Gegenstück zu Joseph ist auch Bouzigue Beamter. Er und noch deutlicher seine Schwester gehören zum Typ der kleinen Leute, die sich durch diese Welt schlagen, so gut sie können, und die im Leben auf Beziehungen angewiesen sind, zu Freunden, Kollegen, Angehörigen ihrer Familie und ihres Clans. Der Übereifer in der Vetternwirtschaft führt auch zu Konflikten mit der Ordnungsmacht, wie das Beispiel des Soldaten Trinquette zeigt, jedoch ist die mitmenschliche Solidarität der kleinen Leute letztlich die einzige Rettung für den prinzipientreuen Lehrer.

Der Kompromiss mit der Korruption beginnt zu Josephs größtem Erstaunen in seinem eigenen Hause, bei seiner sonst so schüchternen Augustine. Der Sohn schildert sie als sensibel und auch körperlich von zarter Konstitution. Für ihre Familie wagt sie es jedoch tapfer, eine Bekanntschaft mit der Frau des Schuldirektors anzuknüpfen, und erwirkt für ihren Mann tatsächlich einen günstigeren Stundenplan zum Wochenende. Auch als Joseph nach dem Unglück die Zukunft in den düstersten Farben sieht, beweist sie mehr Sinn für die Realität als ihr idealistischer Pädagoge und kann ihm aus ihrer praktischen Haltung Mut machen.

Die Kinder sind von diesen Problemen der Erwachsenen zunächst nicht berührt. Der zehnjährige Marcel liebt seine Mutter über alles und beweist in Gesten und Verhalten ein Zartgefühl, das einem Erwachsenen anstünde. Auch für das Wesen des Vaters hat er ein intuitives Verständnis, bewundert aber vor allem seine jägerischen Fähigkeiten.

Die Jagdleidenschaft ist auch die gemeinsame Basis für die Freundschaft Marcels mit dem Bauernsohn Lili. Die Jungen haben gegenüber den Tieren ein ganz unsentimentales Verhältnis. Zumal für das realistische Landkind sind diese vor allem Objekte des Verzehrs und des Gelderwerbs. Kindliches Entsetzen vor einem getöteten Vogel zeigt dagegen der jüngere Bruder Paul, der vom Jagdfieber der anderen nicht angesteckt ist. Bei zwei Gelegenheiten, als Marcel Raubvögel tötet, kommt auch so etwas wie eine archetypische Feindschaft zwischen Mensch und Tier zum Ausdruck.

Lili ist seinem Freund aus der Stadt in allen Belangen der Geländekenntnis, der Jägerei und Wetterkunde überlegen, bewundert ihn aber schrankenlos wegen seiner überlegenen Schulbildung und Literaturkenntnis. Trotz ausgeprägter Neigung zur Schauspielerei hält Marcel die Rolle des Überlegenen gegenüber der schüchternen und unverstellten Zuneigung des Anderen nicht durch. In der Gespensterfurcht treffen sich wieder beide auf einem vorintellektuellen kindlichen Niveau.

6. Historische Einordnung

Durch die Romane von George Sand ist zum ersten Mal die französische Provinz und ihre Menschen in die Darstellung der Literatur eingegangen, freilich scheint das Landleben hier noch romantisch idealisiert. Seit Frédéric Mistral die okzitanische Kultur wiederentdeckte, gibt es eine ungebrochene Tradition der regionalen Dichtung aus der Provence von Alphonse Daudet bis Jean Giono. Dem breiten Publikum ist Marcel Pagnol am besten bekannt durch seine Filme über die Landschaft und die Menschen, besonders auch der Stadt Marseille. Das liegt vor allem daran, dass er ein echtes Erzähltalent ist.
Zur gleichen Zeit, als die Autoren des Nouveau Roman mit formalen Experimenten neue Wege suchen, erzählt er wieder Geschichten, Geschichten aus dem Leben und, in den Jugenderinnerungen, aus seinem Leben. Sein Stil ist an den Romanautoren des 19. Jahrhunderts geschult, doch die Psychologie seiner Personen ist die unserer Tage. Er verliert über ihr Innenleben meist keine Worte, sondern bringt es im Handeln seiner Gestalten unmittelbar zur Anschauung. Das hat seinen Texten letztlich auch den filmischen Erfolg beschert.

Les Bergers (1978)

J.M.G. Le Clézio

1. Leben und Werk

Jean-Marie Gustave Le Clézio ist 1940 in Nizza geboren, erlebt aber schon siebenjährig mit seinem Vater seinen ersten Afrikaaufenthalt in Nigeria. Sein Studium wie auch sein akademischer Lehrberuf sind auf die Literatur konzentriert und bereits sein erster Roman „Le procès-verbal" erhält 1963 den Prix Renaudot. Seither ist sein Leben vor allem durch Reisen in Asien und Südamerika bestimmt. Außer einem Dutzend weiterer Romane hat er sich vor allem um das Verständnis und die Darstellung der indianischen Kulturen Südamerikas bemüht.

2. Inhaltswiedergabe

Gaspard hat offensichtlich seine Schule und die Stadt verlassen und in der Nacht die Orientierung verloren. Die Stadt liegt zwischen Wüste und Meer und erinnert in der Situation an ehemalige französische Kolonien in Afrika. Gaspard scheint jedoch die Grenze zur wirklichen Welt überhaupt zu überschreiten, als er an eine Mauer gerät, die ohne ersichtliche Funktion oder Anfang und Ende in beiden Richtungen die Gegend durchläuft.

Jenseits der Mauer schließt er sich einer Gruppe von vier Kindern an, die anscheinend selbstständig mit einer Herde Schafe und Ziegen ein Nomadenleben führen. Gaspard gewinnt die Sympathie des kleinen Mädchens Khaf und ihrer Brüder, obwohl die Kommunikation mit ihnen nur vorsprachlich und außersprachlich möglich ist, weil er ihren arabisch anmutenden Dialekt nicht beherrscht. Mit der Herde erreichen sie ein paradiesisches Tal und bauen am Ufer eines Sees eine Hütte. Gaspard kann sich auch bald nützlich machen und mit dem Ältesten – Abel – auf die Jagd gehen, sobald er die Handhabung der Steinschleuder erlernt hat, was ihm allerdings in einer ans Wunderbare grenzenden Kürze gelingt.

Die Gruppe ernährt sich von dergestalt erlegten Hasen und Vögeln sowie gesammelter pflanzlicher Kost; hinzu kommt die frische Milch der Tiere, die der Jüngste, Antoine, mit Khaf zusammen melkt. Ständige Begleiter der Herde sind ein Rudel wilder Hunde, von denen einer sich hat zähmen lassen. Auch ein junger Fuchs lebt als Spielgefährte mit in der Hütte. Ein ganz besonderes Erlebnis ist aber eines Tages beim Schwimmen auf dem See für Gaspard die Begegnung mit einem Ibis, der sich ihm ohne Scheu nähert. Er hat vor den anderen Tieren eine geheimnisvolle Überlegenheit und ist unwirklich schön. Gaspard nennt ihn den König des Tales Genna.

Noch geheimnisvoller ist indessen die Rolle des Hatrous, des Bocks, der die Herde anführt. Der zweitälteste Bruder, Augustin, ist der Einzige, der sich ihm nähern darf. Er versteht seine Sprache und Hatrous teilt ihm offensichtlich in anhaltenden nächtlichen Unterredungen sein uraltes Wissen über die Dinge dieser Welt mit. Gaspard erfährt seinerseits von Augustin die Namen der Sterne, die sie nachts lange betrachten. Unter ihnen ist auch das Sternbild des Hatrous selbst. In der Folge wird überhaupt immer deutlicher, dass Gaspard unter den Kindern eine Lehrzeit in allen Geheimnissen der Natur durchmacht, vom kosmisch Entferntesten der Sterne bis zum organisch Nächsten der Insekten. Es gibt in der kleinen Gemeinschaft aber auch musische Aktivitäten. Khaf kann aus Lehm nicht nur Küchengeschirr zum täglichen Gebrauch anfertigen, sondern auch kleine Statuetten formen. Außerdem tanzt sie zur Musik ihrer Brüder. Diese haben aus verschieden langen Schilfrohren Flöten gebastelt, und hier spätestens wird klar, dass Hatrous eine Inkarnation des griechischen Naturgottes Pan darstellen soll.

Die Sexualität freilich kommt im Paradies der unschuldigen Kinder nicht vor, was bei so großer Naturverbundenheit eher verwundert. Am Ende zeigt sich die Natur aber auch feindlich und im Gegensatz zur Welt der Menschen. Zu Beginn der Trockenzeit tritt eine auffällige Spannung in die Atmosphäre. Die Nahrung wird rar, weil die bis dahin gejagten Tiere verschwinden, und darum muss offensichtlich die böse Schlange Nach getötet werden, deren Existenz mit der Ursache der Veränderungen zusammenhängt.

Das letzte Abenteuer, das Gaspard im Tal Genna erlebt, soll zugleich das Ende seiner Gemeinschaft mit den Kindern heraufbeschwören. Die tiefere Ursache ist jedoch sein zivilisatorischer Abstand zu den Nomaden. Für ihn verkörperte der weiße Ibis die Schönheit und eigene Würde der Natur. Als nun Abel bei der Nahrungssuche auf diesen trifft, will er ihn ohne Umstände erlegen. Gaspard stürzt sich im letzten Augenblick auf ihn und Abels Stein trifft ihn an der Schulter.

Gaspard muss fliehen und erreicht nach langem Marsch wieder den Randbereich der Zivilisation. Am Schluss sieht man ihn auf der Wache vor der Schreibmaschine eines Beamten, wie er sich als Vermisster zurückmeldet.
Gaspards Rückkehr ist indessen nicht unbedingt ein resignativer Abschluss. Sein Bruch mit der vorgeschichtlichen Kultur scheint tragisch und unvermeidbar. Er bringt auch reiche Erfahrung und tiefere Einsicht in die urtümliche Natur in seine moderne Lebenswelt mit zurück.

Strukturplan

Kapitel	Abschnitt	Arbeitstitel	Erläuterungen	Seite*
I	1 2 3 4 5	voix questions **troupeau** Genna sirène	Die Entscheidung für das neue Leben	257–261 261–266 266–268 268–278 272–275
II	1 2 3 4 5 6	l'eau maison **fronde** chien renard le roi	Die Anpassung	276–278 278 /279 279–281 281 /282 282–286
III	1	**Hatrous**	Der neue Gott	289–296
IV	1 2	**termites** Khaf	Erfahrung der Natur	297–300
V	1	**Nach**	Der Abwehrzauber	306–314
VI	1 2	**Ibis** tempête	Der Sündenfall	314–318 318–322

*Seitenzahl nach: J.M.G. Le Clézio, Mondo et autres histoires, Paris, Gallimard, 1978

3. Aufbau

Die Erzählung hat sechs Kapitel, von denen die letzten beiden inhaltlich durch den Übergang von der Harmonie in die Bedrohung zusammengehören. Parallel dazu steht die Gegenbildlichkeit der symbolischen Schlange und des weißen Vogels. Die so verbleibenden Abschnitte sind symmetrisch um das dritte Kapitel wie um ihren Mittelpunkt gefügt. Zentrales Thema dieses Kapitels ist die wiedererstandene Naturgottheit.

Das erste und das letzte Kapitel machen den Eindruck einer Eingangs- und Austrittspforte in die vorgeschichtliche Welt. Gaspard gelangt hinein, als er die von einer Schlange bewachte Mauer übersteigt. Um wieder hinauszukommen, muss er sich nach tagelangem Marsch erst noch durch einen Sandsturm kämpfen. Vorausgegangen war indessen der Sündenfall seines Angriffs auf den Bruder Abel, obwohl er diesem ja nicht aus Egoismus in den Arm gefallen war, sondern um den königlichen Ibis, der für ihn die Schönheit der Natur verkörperte, vor dem schnöden Konsum zu retten.

Die urtümliche Gemeinschaft, in der er für eine Weile lebt, braucht sprachliche Kommunikation nur in sehr reduzierter Form. Mit der Familie macht er sich zu ihrer Herde in das Tal Genna auf den Weg, das eine Art irdisches Paradies im Kleinen darstellt. Nach einer Zeit der Anpassung an die Lebensform der Naturkinder ist der Höhepunkt für Gaspard die Entdeckung des Gottes Pan in der Gestalt des Bocks Hatrous.

Dem Kapitel der Anpassung entspricht symmetrisch das vierte Kapitel, in dem er seine Erfahrung in den verschiedenen Bereichen der Natur vervollständigt. Am Schluss stehen zwei Gewalttaten.

Um die Notsituation zu beschwören, wird die Schlange Nach gejagt und wie in einem magischen Abwehrzauber getötet. Bei dieser Tat ist Gaspard noch Komplize. Als er sich aus ästhetischen Gründen der Tötung des Ibis widersetzt, grenzt er sich aus der Gemeinschaft dieser Höhlenkinder wieder aus.

4. Kernaussage des Werks

In allen Geschichten der Sammlung Mondo geht es um die Wiederentdeckung des Seins, und zwar nicht in einem religiösen, sondern im kosmologischen Sinn. Diese Wiederentdeckung ist nicht möglich innerhalb der modernen Zivilisation, sondern nur im Ausbruch aus ihr. Sie ist auch nicht möglich für Erwachsene, sondern nur für Kinder. In der Evasion erfahren sie eine neue und tiefere Verbundenheit mit der Natur, die der Autor in verschiedenen Symbolen erfasst. Die hebräische Mythologie ist dabei nur eine unter anderen.
Vor Allem greift er auf die vier Elemente der vorsokratischen Metaphysiker zurück. Der griechische Naturgott Pan lebt wieder in der Gestalt des Hatrous und im Wasserrad des Juba wird der Kreislauf der Stoffe, wenn nicht gar die ewige Wiederkehr aller Dinge sichtbar. Der lebendige Gott des Berges ist nicht das Christkind und das blinde Mädchen Petite Croix begegnet der zerstörerischen Naturgewalt in der Gestalt des apokalyptischen Riesen Saquasonuh. In der Geschichte „Azaran" führt der Asket und Geschichtenerzähler Martin sein Volk aus der Barackenstadt zum anderen Ufer eines besseren Lebensraumes.

5. Die Personen

Die Ausreißer in den acht Erzählungen von Le Clézio sind sämtlich Kinder. Ihre Evasion wird einerseits dadurch erleichtert, dass sie meist sich selbst überlassen bleiben. Der Dauer ihrer Unternehmung ist aber durch die Notwendigkeit des täglichen Lebensunterhalts eine enge Grenze gesetzt. Einzig die Gruppe der Nomadenkinder beherrscht Techniken der Bedürfnisbefriedigung.
Mondo ist Vollwaise wie Alia und – unter anderen Umständen – auch Lullaby. Er lebt auf der Straße ständig auf der Hut vor der offiziellen Kinderbetreuung der städtischen Behörden und bestreitet seinen Unterhalt durch Gelegenheitsarbeiten oder parasitär am Rande der Legalität. Er ist Analphabet und überhaupt kein Freund vieler Worte. Gefragt zu werden, hasst er ganz und gar, hat aber einen sicheren Instinkt für Menschen, die er mag oder nicht.
Von Daniel erfährt man, dass er auf den Klippen Muscheln sammelt und sie in einer Konservendose gart. Juba verrichtet eine leichte, aber stumpfsinnige Kinderarbeit am Wasserrad. Das blinde Mädchen Petite Croix scheint von ihren Eltern tagsüber immer an einem bestimmten Platz abgestellt zu werden. Einzig

der fremde Soldat wendet sich ihr zu, wie der Geschichtenerzähler Martin für die verwaiste Alia da ist. Auch die Eltern von Jon sind offensichtlich in den Arbeitsprozess auf ihrem Hof so eingespannt, dass sie seine nächtliche Abwesenheit gar nicht bemerken. Lullaby hat in M. Filippi auf der Schule wenigstens einen Freund.
Sie meldet sich schon sehr bald von ihrem Ausflug wieder zurück, Gaspard erst nach Monaten. Mondos Verbleib und der Daniels wird nicht weiter verfolgt. Auch vom Aufbruch Alias mit Martin und den anderen Bewohnern der Barakkenstadt ist nicht berichtet, ob er in eine bessere Zukunft führt. Die Evasion von Jon, Juba und Petite Croix ist nicht an eine Ortsveränderung geknüpft.

6. Historische Einordnung

Jean-Jacques Rousseau konnte vor 250 Jahren noch nicht ahnen, dass seine theoretische Kulturkritik in unseren Tagen durch die industrielle Zerstörung der Umwelt eine so bedrängende Dynamik bekommen sollte. Seit der durch ihn eingeleiteten Romantik gibt es die Rückbesinnung auf die Natur und natürliches Leben. Auch das Kind und die Weise, wie es die Welt erlebt, ist in romantischer Zeit in die Aufmerksamkeit der Erwachsenen getreten. Das Bild des guten Wilden, die fröhliche Genügsamkeit des Außenseiters und die außergesellschaftliche Überlebensform des Robinson faszinieren seitdem Autoren und Leser.
Diese Tradition hat in unserer Zeit Antoine de Saint-Exupéry wieder aufgenommen. Sein Buch vom Kleinen Prinzen ist der Versuch einer kindlichen Weltanschauung und kindlichen Philosophie. Gleichzeitig hat er in „Terre des Hommes" aber auch schon die astronautische Perspektive auf unsere Erde und die Kostbarkeit des mit ihr gegebenen Lebensraumes geöffnet. Eine Versöhnung der technischen Welt und der natürlichen hielt er in den dreißiger Jahren noch für möglich.

Ihre Meinung ist uns wichtig!

Ihre Anregungen sind uns immer willkommen.
Bitte informieren Sie uns mit diesem Schein über Ihre Verbesserungsvorschläge!

Titel-Nr.	Seite	Fehler, Vorschlag

Bitte hier abtrennen

Bitte hier abtrennen

Zutreffendes bitte ankreuzen!

Die Absenderin/der Absender ist:

- ☐ Lehrer/in
- ☐ Referendar/in im Ausbildungsabschnitt: ____
- ☐ Fachbetreuer/in
  Fächer: ____
- ☐ Oberstufenbetreuer/in
- ☐ Schulleiter/in
- ☐ Seminarlehrer/in
  Fächer: ____
- ☐ Leiter/in Lehrerbibliothek
- ☐ Leiter/in Schülerbibliothek
- ☐ Regierungsfachberater/in
  Fächer: ____
- ☐ Eltern
- ☐ Schüler/in, Klasse: ____
- ☐ Sekretariat
- ☐ Sonstiges: ____

Unterrichtsfächer: **(Bei Lehrkräften!)**

STARK Verlag
Postfach 1852
85318 Freising

8-V1T

Bitte ausfüllen und im frankierten Umschlag an uns einsenden. Für Fensterkuverts geeignet.

Kennen Sie Ihre Kundennummer?
Bitte hier eintragen.

Absender **(Bitte in Druckbuchstaben!)**

Name/Vorname

Straße/Nr.

PLZ/Ort

Schule/Schulstempel **(Bitte immer angeben!)**

(Bitte blättern Sie um)